AF544092

UTE BAUER
FOTOS: URSEL BORSTELL

GÄRTEN
mit Gräsern und Stauden

blv

Inhalt

Von Prärie- und Gräsergärten

Der Traum vom pflegeleichten Garten 8

Reportage: Eine Prärie in Holland 13

Beispiele zur Gestaltung

Ein naturalistischer Garten vom Designer 22

Der Präriegarten des Forschers 27

Ein kleines privates Gräserparadies 30

Reportage: Ziergräser in formaler Struktur 35

Präriegarten-Praxis: Pflanzung und Pflege 42

Die schönsten Pflanzen für Präriegärten

Gräser und Stauden – eine Auswahl 50

Die besten Prärie-Gräser – von *Bouteloua gracilis* bis *Stipa tenuissima* 53

Weitere schöne Gräser für den Präriegarten 72

Die besten Prärie-Stauden – von *Achillea millefolium* bis *Veronicastrum virginicum* 75

Weitere schöne Stauden für den Präriegarten 104

Noch mehr Gräsergärten

Gräser – vielseitig und variabel 109
Malerische Kulisse am Wasser 110
Die schönsten Ziergräser für feuchte Plätze 115
Temporärer Sichtschutz mit Gräsern 116
Die schönsten Gräser-Giganten 120
Reportage: Ein Gräsergarten, wogend im Wind 123
Glanzvoll in gedämpftem Licht 129
Schöne Wald- und Schattengräser 132
Für Steppen-, Stein- und Kiesgärten 134
Schönheiten für sonnig-trockene Plätze 140
Reportage: Ein brillanter Felsengarten mit Gräsern 143
Farbenfrohe Gräsergärten 149
Gräser im großen Herbst- und Winterfinale 156
Gräsergarten-Praxis: Im Winter stehen lassen 161

Anhang

Adressen, die Ihnen weiterhelfen 164
Stichwortverzeichnis 165
Über die Autorinnen 167

Von Prärie- und Gräsergärten

Von Prärie- und Gräsergärten

»Der Begriff ›Präriepflanzung‹ steht mittlerweile – fälschlicherweise – sogar als Synonym für jeden gräserreichen, naturalistischen Verwendungsstil.«

Cassian Schmidt

Der Traum vom pflegeleichten Garten

Welcher Gartenbesitzer wünscht sich nicht einen Garten, der rund ums Jahr attraktiv aussieht? Zugleicht steht auf der Wunschliste meist ganz oben, dass er keinesfalls viel Arbeit machen darf. Zwei Ansprüche, die nicht unbedingt einfach zu vereinbaren sind und Gartengestalter oft vor unlösbare Aufgaben stellen. Oft genug führt das Dilemma zu den sattsam bekannten nackten Rasenflächen, umgeben von einer Reihe wahllos zusammengestellter Gehölze. Kein Wunder, dass Bilder von traumhaft schönen Gräser-Stauden-Kombinationen, die auch noch mit dem Hinweis auf Pflegeleichtigkeit versehen sind, auf reges Interesse stoßen. Gräsergärten sind in! Zum echten Trend avancierten in diesem Zusammenhang in den letzten Jahren vor allem die Präriegärten.

Nach dem Vorbild der Natur

Doch bei genauem Hinsehen bemerkt man schnell, dass unter dem »Label« Gräsergarten oft ganz unterschiedliche Dinge propagiert werden. Gemeinsam ist allen, dass Gräser darin eine tragende Rolle spielen. Für die Verwendung von Gräsern im Garten machte sich der »Staudenpapst« Karl Foerster bereits in den 50er-Jahren des letzten Jahrhunderts stark. Der eigentliche Durchbruch der Ziergräser in der Gestaltung bahnte sich jedoch erst in den 1990ern an. Piet Oudolf, der große niederländische Gartendesigner, erregte mit seinen von Gräsern geprägten Pflanzungen großes Aufsehen. Sie waren nach ästhetischen Gesichtspunkten komponiert, aber dennoch von sehr natürlicher Ausstrahlung – ein Idealbild der Natur sozusagen. Dennoch erfolgte die Anordnung der einzelnen Pflanzenarten nach bewährter englischer Border-Kunst in Drifts und Gruppen nach klarem Pflanzplan. Die ordnende gärtnerische Hand sorgt dafür, dass sich das Bild nicht zu sehr verändert, also etwa eine Art verschwindet, während eine andere alles überwuchert. Heute verwendet man meist den Begriff »naturalistisch« für diese Pflanzungen – schließlich ist die Bezeichnung »naturnah« dank der Naturgarten-Bewegung der 1980er-Jahre mit der ausschließlichen Verwendung heimischer Pflanzen verbunden, einem völlig anderen Ansatz.

Wie in Amerika

Die ersten Gestaltungen nach dem Vorbild der Prärie realisierte in Deutschland der Staudenspezialist Dr. Hans Simon erstmals 1989 auf der BUGA in Frankfurt, dann 1995 im Berggarten in Hannover. Es folgten Anlagen im Dortmunder Westfalenpark und im Hermannshof in Weinheim. Die endlosen Weiten der nordamerikanischen Prärien werden von Gräsern dominiert, sie machen fast drei Viertel des Pflanzenbestandes aus. Dazwischen setzen Wildstauden mit ihren Blüten Farbakzente. Zusammen bilden sie eine der artenreichsten Pflanzengesellschaften der Erde – einen Teil davon in den Garten zu holen war also eine faszinierende Idee, die auch hervorragend zum Zeitgeist der naturalistischen Gestaltungen passte. Vor allem in Weinheim hat man sich, unter der Leitung von Prof. Cassian Schmidt, in den vergangenen Jahren intensiv mit der Weiterentwicklung der Idee des Präriegartens

Rechts: Die Verwendung von Gräsern im Garten wird immer populärer. Ob in Rabatten oder Präriegärten, stets empfehlen sie sich durch Pflegeleichtigkeit und natürliche Ausstrahlung.

beschäftigt. Eines der wichtigsten Ziele war dabei jedoch neben der Ästhetik die Pflegeleichtigkeit. Erreicht wurde sie über die Auswahl standortgerechter Pflanzen und deren Komposition zu nachhaltigen Pflanzengemeinschaften, die sich durch ausgewogenes Konkurrenzverhalten selbst in der Balance halten – ohne gärtnerischen Eingriff – und die daher sogar im öffentlichen Grün Verwendung finden können (siehe Seite 27). Sie werden nicht nach Pflanzplan gesetzt, sondern quasi zufällig wiesenartig auf der Fläche verteilt und dann ihrer eigenen Dynamik (z. B. der Selbstaussaat) überlassen. Dieser pflegeleichte Aspekt verhalf Präriepflanzungen vermutlich zu ihrer derzeitigen Popularität.

Alles Prärie – oder was?

Auch vor dem Hintergrund der Klimaveränderungen spielen stresstolerante Pflanzungen eine immer wichtigere Rolle, denn die Wetterkapriolen werden immer extremer. Aber was macht gerade Präriepflanzen so anpassungsfähig? Aufgrund der Nord-Süd-Ausrichtung der Rocky Mountains in Amerika sind die Pflanzen viel extremeren Wetterunterschieden ausgesetzt als in Europa. Arktische Winde aus dem Norden pfeifen ebenso ungebremst über das Land wie trockenheiße Südwinde. Phasen hoher Niederschläge treten ebenso auf wie längere Trockenperioden. In den Übergangszeiten sind Unwetter an der Tagesordnung. All dem müssen Präriepflanzen gewachsen sein. Vor allem Gräser erweisen sich hier als äußerst robust. Ihre hervorragende Rolle in Präriepflanzungen führte aber dazu, dass diese Bezeichnung heute häufig als Synonym für Gräsergärten jeder Art verwendet wird. Auch findet man häufig Abbildungen, die eher an Kies- oder Steppengärten erinnern unter dem Schlagwort Präriegarten. Es gibt jedoch grundlegende Unterschiede.

Kiesbeet und Steppengarten

Gerade im öffentlichen Grün werden neu angelegte Präriepflanzungen häufig mit einer mineralischen Mulchschicht aus Splitt oder Kies abgedeckt, was ihnen das Aussehen von Kiesbeeten verleiht. Dabei handelt es sich jedoch um eine rein

pflegetechnische Maßnahme (siehe Seite 44). Der wichtigste Unterschied ist, dass der Boden unter dem Splitt im Kiesgarten mager und trocken ist. Im Präriegarten braucht es dagegen nährstoffreichen, normalen bis frischen, tiefgründigen Gartenboden. Damit unterscheidet er sich auch von Steppenpflanzungen, die ebenfalls sandigen oder steinigen Untergrund benötigen und deren Pflanzen an sommerliche Trockenheit gewöhnt sind. In den Hochgrasprärien fallen jedoch gerade im Sommer hohe Niederschläge (zwischen 750 und 1200 mm), sie sind alles andere als trocken. Man muss sich verdeutlichen, dass dort, wo sie einst standen, heute der »corn belt« verläuft, also der Maisgürtel Amerikas. Dass Prärien dennoch wie Steppenlandschaften baumlos blieben, lag nicht an der Trockenheit, sondern an häufig auftretenden Unwettern, die etwa alle fünf Jahre zu ausgedehnten Flächenbränden führten.

Orientieren Sie sich bei der Gestaltung Ihres Gräsergartens also vor allem an den vorhandenen Standortbedingungen. Passt ein Präriegarten nicht zur Lage – oder zu Ihrem persönlichen Geschmack, gibt es zahlreiche andere Gestaltungsmöglichkeiten mit Gräsern, die ebenfalls relativ pflegeleicht bleiben. Konkrete Beispiele finden Sie ab Seite 22 und weitere Anregungen ab Seite 109.

Links: In Kiesbeeten oder Steppengärten steht – anders als in Präriegärten – unter der Steinschicht magerer, trockener Boden an, auf dem sich z. B. Fackellilien und Zier-Lauch wohl fühlen.

Oben: Es muss nicht immer wilde Prärie sein. In diesem Garten machen Gräser zusammen mit Trompetenbäumen und Heckenelementen eine zauberhafte Figur.

Eine Prärie in Holland

»Ich liebe Präriegärten, weil sie starke, lang währende und ausgewogene Pflanzengemeinschaften darstellen, die Menschen und Tieren guttun«, begeistert sich Lianne Pot. »Sie bieten rund ums Jahr einen tollen Anblick mit viel Farbe und Struktur, und das alles bei geringem Pflegeaufwand.« So fasst die Gartendesignerin aus den Niederlanden die Pluspunkte zusammen, die sie dazu brachten, 2008 mit der Anlage eines Präriegartens zu beginnen.

Mehr als 300 Ziergrasarten

Bereits seit dem Jahr 2000 betreibt sie in De Wilp in der Provinz Groningen eine Gärtnerei mit dem Schwerpunkt Ziergräser. Mehr als 350 verschiedene Gräserarten kultiviert und verkauft sie dort. In einem großen Schaugarten zeigt die Gestalterin die vielfältigen Verwendungsmöglichkeiten von Gräsern im Privatgarten auf – ob in der Rabatte, als Solitär, als Bodendecker oder Topfpflanze. Dort können sich Besucher und Interessierte Inspirationen und Anregungen für das eigene grüne Paradies holen. Als sie jedoch 2007 bei einer Deutschlandreise die Präriegärten in Weinheim (siehe Seite 27) und Hannover (im dortigen Berggarten gibt es eine Präriepflanzung von Dr. Hans Simon) sah, begann in Lianne Pot eine neue Leidenschaft zu keimen. Im Jahr darauf flog sie mit ihrer Familie in die USA, tourte durch Nebraska, South Dakota, Wisconsin und besuchte in Missouri den »Prairie State Park« sowie in Kansas die »Konza Prairie« und das »Tallgrass Prairie National Preserve«. Dann stand ihr Entschluss fest, in De Wilp selbst einen Prärie-

Links: Im Präriegarten in De Wilp strecken Riesen-Sonnenhut *(Rudbeckia maxima)* und Yuccablättrige Edeldistel *(Eryngium yuccifolium)* ihre Blütenköpfe der Sonne entgegen.

garten anzulegen. Das 4 000 qm große Grundstück wurde um weitere 3 500 qm erweitert, indem sie eine landwirtschaftliche Fläche dazugekaufte, auf der zuvor Kartoffeln und Mais angebaut wurden. Darauf entstand der neue Präriegarten nach Lianne Pots eigenem Entwurf. »Ich bevorzuge runde Formen«, erklärt sie das Grundmuster ihrer Anlage, in der kaum rechte Winkel zu finden sind. Alles wirkt natürlich und völlig ungekünstelt.

Thema in vielen Variationen

Nachdem ihr Gesamtkonzept stand, bat sie drei weitere Gartengestalter, ihre Ideen einzubringen: Patricia Stols, Michael King und Jan Spruyt. Das Ergebnis ist nicht nur ein optisch-ästhetischer Genuss, es zeigt auch zahlreiche unterschiedliche Ansätze auf, das Thema Präriepflanzung im Garten zu realisieren. Nur in den Randbereichen der riesigen Anlage pflanzte Lianne Pot Gräser und Stauden in größeren Gruppen. Sie fungieren hier als Rahmen und Kulisse für die Themenbereiche. Garten-Reitgras, *(Calamagrostis × acutifolia* 'Karl Foerster') etwa bildet, in Reihe gepflanzt, mit seinen straff aufrechten Halmen eine fast formal anmutende Begrenzung, geht an anderer Stelle aber auch eine organische Mischung mit Rasen-Schmiele *(Deschampsia cespitosa)* und Brandkraut *(Phlomis russeliana)* ein. Im Inneren der Fläche finden sich 18 Präriepflanzungen mit verschiedenen Schwerpunkten. Neun unterschiedliche Lösungen zeigen Varianten für kleine Gärten. An anderer Stelle werden Farbkonzepte durchgespielt: Da gibt es Flächen, die in Gelb-, Orange- und Rottönen erglühen, in denen Sonnenhüte

(Rudbeckia-Arten), Schafgarben *(Achillea*-Arten), Fetthennen *(Sedum telephium)* und Japan-Blutgras *(Imperata cylindrica* 'Red Baron') prominente Rollen spielen. Auf anderen dominieren Blau, Violett und Rosa, dort haben Scheinsonnenhut *(Echinacea*-Arten), Duftnesseln *(Agastache rugosa)* und Phlox *(Phlox*-Arten) ihren Auftritt. Man findet rabattenähnliche Präriekombinationen und einen »echten Präriegarten«, in dem Gräser mengenmäßig klar dominieren und nur nordamerikanische Stauden wachsen. Einen großen Teil nehmen außerdem Mittel- und Hochgrasspräriepflanzungen ein, deren Farbspiel sich im Verlauf der Jahreszeiten wandelt. Während zu Saisonbeginn etwa blauer Sommersalbei *(Salvia × sylvestris* 'Dear Anja') und schwefelgelbe Wolfsmilch *(Euphorbia seguieriana* subsp. *niciciana)* kühl kontrastieren, übernehmen im Herbst feurige Gelb-, Orange- und Rotschattierungen, etwa von Rutenhirsen *(Panicum virgatum)* oder Großem Blauhalm *(Andropogon gerardii)*, das Regiment.

Links: In dieser Pflanzung dominieren blaues Herbst-Helmkraut *(Scutellaria incana)* und dunkelrote Purpur-Fetthenne *(Sedum* 'Karfunkelstein') die Szene.

Oben: Hier geben sich Kokardenblume *(Gaillardia)*, Lupine *(Lupinus* 'My Castle'), Rutenhirse *(Panicum virgatum* 'Rehbraun') und Blutgras *(Imperata cylindrica* 'Red Baron') ein feuriges Stelldichein.

»Ich liebe Präriegärten, weil sie eine ausgewogene Pflanzengemeinschaft darstellen. Sie bieten rund ums Jahr einen tollen Anblick und das alles bei geringem Pflegeaufwand.«

Lianne Pot

Ein Gefühl von Weite

Das Außergewöhnliche an Lianne Pots Präriegarten ist die Größe. Hier bekommt der Besucher wirklich das Gefühl von Weite, wie es für die baumlosen Landschaften Nordamerikas so typisch war. Das riesige Areal zu bepflanzen war ein Stück harte Arbeit. Rund 12 500 Jungpflanzen wurden in die Erde gesetzt. Wie hält man das alles in Schuss? »Die laufende Pflege ist im Vergleich zu normalen Rabattenpflanzungen viel einfacher«, schwärmt die Gärtnerin. »In einer gut komponierten Präriepflanzung finden die Gräser und Stauden schon nach wenigen Jahren ein natürliches Gleichgewicht und halten sich die Waage, ohne gärtnerisches Eingreifen notwendig zu machen.« Nicht einmal das Teilen älterer Gräserhorste, wie es in Beeten etwa alle vier bis fünf Jahre durchzuführen ist, sei hier notwendig. In ihrem Präriegarten in De Wilp wird diese Maßnahme beispielsweise nur in den Randgebieten durchgeführt, die rabattenähnlich bepflanzt sind. Präriepflanzen bilden außerdem tiefe Wurzeln, daher ist grundsätzlich kaum zusätzliches Wässern nötig. Und sie bedecken die Bodenoberfläche rasch, weshalb es in der Regel mit Unkraut wenig Probleme gibt. Nur in den ersten ein bis zwei Jahren, bis alles gut

Oben: Himmel trifft Erde – in Lianne Pots Präriegarten fühlt sich der Besucher wie im Indianerland; im Vordergrund die Blütenrispen des Riesen-Pfeifengrases *(Molinia arundinacea* 'Windspiel').

Unten: Die Kuppeln des Riesen-Sonnenhuts *(Rudbeckia maxima)* wachsen Lianne Pot buchstäblich über den Kopf. Tatsächlich hat die Gräserexpertin alles gut im Griff und der Präriegarten zeigt schon nach wenigen Jahren sein volles ästhetisches und ökologisches Potenzial.

LIANNE POT

Die Niederländerin gründete im Jahr 2000 eine Gärtnerei in De Wilp: Lianne's Siergrassen (www.siergras.nl), und machte ihre Leidenschaft für Ziergräser zum Schwerpunkt. Seit 2005 beherbergt sie auf ihren Flächen die »Dutch Collection of Poaceae« (Niederländische Ziergräser-Sammlung). Sie arbeitet aber auch als Gartendesignerin und konzipiert und gestaltet Privatgärten. Neben der Gärtnerei bieten ein von April bis Ende Oktober öffentlich zugänglicher Schaugarten und ein Präriegarten (www.prairiegarden.info) Besuchern zahlreiche Anregungen.

»Nachdem ich das Gesamtkonzept entworfen hatte, bat ich drei andere Gartengestalter, ihre Ideen einzubringen. Nun finde ich es sehr interessant, zu beobachten, wie unterschiedlich man mit Präriepflanzen umgehen kann.«

Lianne Pot

eingewachsen ist, braucht es etwas mehr Pflege, weil zwischen den Pflanzen noch relativ viel offener Boden vorhanden ist.

Um die Arbeit während der Anwachsphase in Grenzen zu halten, brachte Lianne Pot eine Mulchschicht aus Lavagestein aus. Sie verhindert das rasche Austrocknen des Bodens und erschwert Wildkräutern das Auflaufen. In De Wilp steht lehmiger Sand als Untergrund an. »Das ist ideal«, urteilt die Fachfrau. Aber auch auf anderen Böden lassen sich Präriegärten realisieren. »Wichtig ist nur, dass man die richtigen Pflanzen zum vorhandenen Boden auswählt«, rät sie. Und es darf keine Staunässe auftreten, vor allem im Winter nicht; notfalls müssen Drainagen verlegt werden. Ansonsten sind Präriepflanzen ihrer Erfahrung nach sehr anpassungsfähig. Schließlich seien sie in Amerika wesentlich stärkeren Temperaturunterschieden ausgesetzt.

Persönliche Lieblingspflanzen

Hat die Gartengestalterin persönliche Favoriten? »Die verschiedenen *Echinacea*-Arten gehören alle zu meinen Lieblingsstauden, aber auch *Vernonia crinita* und *Liatris* mit ihrem kräftigen Violettblau mag ich sehr«, erklärt Lianne Pot. Bei den Gräsern schätzt sie vor allem die Charakterpflanzen der Prärie wie *Panicum*, *Andropogon gerardii* und *Schizachyrum scoparium*.

Oben links: Der Purpursonnenhut *(Echinacea purpurea)* gehört zu Lianne Pots Lieblingspflanzen.

Oben rechts: Eine echte Präriepflanze ist das Herbst-Helmkraut *(Scutellaria incana)*. Es blüht von Juli bis September.

Mitte Links: Die Duftnessel *(Agastache*-Hybride) 'Black Adder' entwickelt einen besonders intensiv dunklen Farbton.

Unten links: Die Fetthenne *(Sedum*-Hybride) der Sorte 'Karfunkelstein' färbt ihr Laub im Lauf der Saison nach und nach dunkelrot ein.

Unten rechts: Von Purpursonnenhut *(Echinacea purpurea)* gibt es auch weiße Varianten; hier die Sorte 'Alba'.

Beispiele zur Gestaltung

Beispiele zur Gestaltung

»Durch Planer- und Gärtnerhand sichtbar gestaltete, aber gleichzeitig an natürliche Vorbilder erinnernde Pflanzenbilder sind der neue Trend.«

Cassian Schmidt

Ein naturalistischer Garten vom Designer

Piet Oudolf gilt als Avantgardist, was die Verwendung von Ziergräsern im Garten anbelangt. Der Stargärtner gehört heute zu den international gefragtesten Landschaftsarchitekten. Inspiriert von Kunst, Design und Architektur, richtet er seine Aufmerksamkeit auf Pflanzenstrukturen und Blattformen, sieht jedoch immer die Pflanzen als zentrales Mittel der Gartengestaltung. Als naturalistisch wird sein Stil heute bezeichnet.

Der Gräfliche Park in Bad Driburg

Im Jahr 2005 besuchte der Niederländer erstmals den Gräflichen Park in Bad Driburg. Der 64 qm große Landschaftspark, der bereits mehrfach Auszeichnungen erhielt und wiederholt unter die zehn schönsten Parks Deutschlands gewählt wurde, befindet sich im Besitz von Graf Marcus und Gräfin Annabelle von Oeynhausen-Sierstorpff. Nach einigen weiteren Visiten kam Piet Oudolf mit den Eigentümern überein, dass im westlichen Teil des historischen Parks ein neuer Gräser- und Staudengarten nach seinen Plänen angelegt werde. 2009 wurde das Vorhaben in die Tat umgesetzt. Damit existiert in Bad Driburg einer der ganz wenigen öffentlich zugänglichen Piet-Oudolf-Gärten in Deutschland.

Mäandernd wie ein blühender Fluss

»Das Konzept für meinen neuen Garten basiert auf Rhythmus, auf Bewegung und dem Wechsel der Jahreszeiten«, erläutert der Künstler selbst sein Werk, »auf natürlichen Elementen und sanften farbigen Strukturen.« Nach seinen Plänen legten die Gärtner des Parks sechs geschwungene Beete an, unterbrochen von schmalen Wegen und fünf runden Raseninseln. Auf 4 500 qm entstand ein Park im Park mit wildem, naturalistischem Charakter, der sich wie ein farbiger, blühender Fluss über die großen Rasenflächen schlängelt. Verschiedene Gräser und zahlreiche Stauden sind kleinräumig ineinander verwoben und stützen sich gegenseitig, sodass die Flächen an natürliche Wiesen erinnern. Indianernesseln *(Monarda*-Hybriden), Astern *(Aster*-Hybriden), Purpursonnenhut *(Echinacea purpurea)*, Herbst-Anemonen *(Anemone × hybrida)* und Brandkraut *(Phlomis russeliana)* leuchten zwischen Rutenhirsen *(Panicum virgatum)*, Herbst-Blaugras *(Sesleria autumnalis)* und Diamantgras *(Calamagrostis brachytricha)*. Immer wieder ragen stattliche, rund 2 m hohe Prachtgestalten, etwa Edeldisteln *(Eryngium yuccifolium)*, Riesen-Pfeifengras *(Molinia arundinacea)* oder Sonnenbraut *(Helenium*-Hybriden), aus dem Pflanzenmeer heraus. Will man einen Überblick bekommen, geht man auf eine der sechs Raseninseln. Sie bieten leichte Erhöhungen quasi als Aussichtspunkte an, von denen aus man verschiedene Blickwinkel und Perspektiven auf die Pflanzungen genießen kann

Oben: Rosa Herbst-Anemonen der Sorte 'Pamina' sorgen hier für Farbe. Dahinter ragen Iris-Blätter in die Höhe und den Wegrand säumen Langblättriger Ehrenpreis und Tautropfengras, rechts lässt Diamantgras seine Fontänen aufschießen.

Unten: Beete und Wege strukturieren den Park. Die mächtige Rutenhirse 'Shenandoah' unterbricht die Sichtachsen, links vorne stehen *Stachys officinalis* 'Rosea', dahinter Aster 'Sonora' im Beet.

Gute Bodenvorbereitung

Insgesamt wurden im Herbst 2008 und im Frühjahr 2009 rund 30000 aufeinander abgestimmte Einzelpflanzen in fast 80 verschiedenen Arten und Sorten gesetzt. Der anstehende lehmige Boden wurde zuvor durch Zusatz von Sand und Humus durchlässiger gemacht. Außerdem verlegte man wegen des hohen Grundwasserstands in der Region Drainagen unter den Beetflächen, damit Niederschlagswasser rasch abfließen kann. Das Wasser wird zum Teil in zwei Becken innerhalb der runden Raseninseln gesammelt.

»Schon im ersten Standjahr kam der Piet-Oudolf-Garten bei den Parkbesuchern gut an«, erinnert sich der Direktor der Gräflichen Gärten und Parks, Heinz-Josef Bickmann. Ab dem zweiten entfaltete er seine volle Pracht. Da etliche der verwendeten Stauden und Gräser in Deutschland noch wenig verbreitet waren, sahen sich die Parkgärtner immer wieder mit Fragen der Besucher konfrontiert. Daraufhin ließ Bickmann Etiketten anbringen. »Die verschwanden aber meistens ganz schnell wieder«, schmunzelt er. Ebenso wurde so manche abgeknipste Blüte aus dem Park getragen und tauchte in den Gärtnereien der Umgebung wieder auf, wo die Leute nach den entsprechenden Pflanzen suchten, um sie in den eigenen Garten zu pflanzen. Heute gibt eine Broschüre mit Pflanzplan Interessierten detaillierte Informationen über die verwendeten Pflanzenarten und -sorten und ihre Anordnung in den Beeten. So kann jeder seine Favoriten ausfindig machen.

Höhepunkt im Spätsommer

»Die schönste Zeit hat dieser Gartenteil für mich ab Mitte August bis September«, schwärmt Heinz-Josef Bickmann. Nicht nur weil dann besonders viele üppige Blüten zu sehen sind – die gibt es auch vorher und nachher. »Im Spätsommer wimmelt es über den Beeten vor Bienen, Hummeln und anderen Insekten«, erläutert der Direktor. »Noch nie hatte ich vorher so viele Schmetterlinge in Bad Driburg gesehen.« Viele Parkbesucher sind dann mit der Fotokamera unterwegs und können sich nicht satt sehen.

Lebendige Dynamik der Jahreszeiten

Dieses Ergebnis dürfte dem Planer gefallen, denn Piet Oudolf verfolgt mit seinen Pflanzenkompositionen nicht nur eine schöne Optik, sondern eine vielfältige Stimulierung der Sinne. Außerdem soll sich der dynamische Wechsel der Jahreszeiten in den Beeten widerspiegeln und auch das ist in Bad Driburg gelungen.

Schon im Austrieb, noch ehe Stauden und Gräser blühen, wirken sie über ihre Struktur und Textur. Frühblüher wie Wiesen-Iris *(Iris sibirica)* und Türken-Mohn *(Papaver orientale)* wechseln mit Spätblühern wie Astern und Herbst-Anemonen ab. Und nach der Blüte bleiben vertrocknete Samenstände bewusst stehen und versprühen morbiden Charme, etwa die Knubbel des Brandkrauts und die Schirme der Fetthennen *(Sedum telephium)*, vor allem aber die filigranen Wedel und fedrigen Büschel der Gräser. Vögel finden dann manchen Winterleckerbissen und Raureif versilbert die Silhouetten und hebt die unterschiedlichen Strukturen noch stärker hervor.

Ende Februar wird dann alles komplett abgeschnitten. Bis die Stauden und Gräser in frischem Grün erstrahlen, dauert es dann ein paar Wochen. Um den Besuchern auch in dieser Zeit etwas zu bieten, hat die niederländische Gartendesignerin Jacqueline van der Kloet in Absprache mit Piet Oudolf 2011 den Garten um 76 000 frühblühende Zwiebelblumen (Geophyten) ergänzt. So leuchten seit 2012 zu Saisonbeginn Tulpen, Narzissen und Traubenhyazinthen farbenfroh um die Wette.

Links: Herbststimmung verbreiten die abgeblühten *Stachys*-Kerzen, dahinter leuchten Blauraute 'Little Spire' und weiße Herbst-Anemonen der Sorte 'Honorine Jobert'.

Oben: Das Brandkraut öffnet seine quittegelben Etagenblüten schon ab Juni. Daraus entwickeln sich die etagenartigen Fruchtstände, die hier vor den Astern posieren und den ganzen Herbst zieren.

Der Präriegarten des Forschers

Eine Wiege der deutschen Präriegartenbewegung ist der Schau- und Sichtungsgarten Hermannshof in Weinheim an der Bergstraße. Dessen Leiter, Prof. Cassian Schmidt, beschäftigt sich seit rund 25 Jahren mit Präriepflanzungen. Nachdem er 1987 erstmals in Chicago einen Präriegarten gesehen hatte, war er von den großzügigen Staudenpflanzungen auf sonnigen Freiflächen fasziniert. Dort lernte er auch erstmals Präriegräser wie das grazile Tautropfengras *(Sporobolus heterolepis)* kennen sowie amerikanische Wildstauden, die bei uns bis dato nicht oder kaum bekannt waren. Der Grundstein für sein Interesse war gelegt. Als er 1998 am Hermannshof seine Arbeit aufnahm, begann er zunächst zu experimentieren. 2001 wurde schließlich auf einer ehemaligen Rasenfläche der Präriegarten angelegt, der in seiner heutigen Form öffentlich zugänglich und zu besichtigen ist.

Das Ziel: ökologische Ausgeglichenheit

Alle verwendeten Pflanzen wurden zunächst in der hauseigenen Gärtnerei aus Saatgut aus den USA angezogen. Auf 1 500 qm wurden schließlich über 350 typische, teilweise neu eingeführte Pflanzenarten für verschiedene Prärietypen gepflanzt. Viele wilde Blütenschönheiten verwoben sich mit zahlreichen Gräsern zu einer prächtigen Blumenwiese.

Doch den Wissenschaftler und Staudenexperten interessierten neben ästhetischen Gesichtspunkten vor allem ökologische Aspekte: Welche Pflanzen wachsen gut zusammen? Wie ist ihr Konkurrenzverhalten? Was wird verdrängt, was breitet sich übermäßig aus? Sein Ziel war, mit Blick auf die Pflegeleichtigkeit, standortgerechte Pflanzengemeinschaften herauszufinden, die über Jahre ohne große Eingriffe relativ stabil bleiben und daher auch im öffentlichen Grün Verwendung finden können. So fuhr er noch mehrfach in die USA, um die Vorbilder vor Ort zu studieren und seine Rückschlüsse zu ziehen. In der Artenvielfalt erkannte er einen Schlüssel zum Erfolg und in der Verwendung von Wildarten. »Ich bevorzuge daher beispielsweise *Echinacea pallida* oder *Monarda fistulosa* anstelle der Hybriden«, erklärt Cassian Schmidt.

Gesündere und robustere Pflanzen

Dennoch finden sich im Hermannshof auch Gartensorten, die gute alte Bekannte aus den Bauerngärten sind, etwa von Phlox, Sonnenbraut oder Sonnenauge. Sie bescherten dem Forscher sogar eine wertvolle Erkenntnis, die inzwischen von anderen Experten bestätigt wurde. »Im Präriegartenambiente erweisen sich diese Gartenformen als wesentlich robuster und gesünder als im Prachtstaudenbeet«, weiß Cassian Schmidt zu berichten. Während Phlox und Indianernessel auf

Oben: Klassische Beetstauden, wie diese Herbstastern *(Aster novae-angliae)* 'Rudelsburg' in Rosa und *(A. novi-belgii)* 'Schöne von Dietlikon' in Violett, vermitteln in lockerem Mix mit Diamantgras *(Calamagrostis brachytricha)* präriEähnliche Atmosphäre.

Links unten: Prof. Cassian Schmidt im Präriegarten im Weinheimer Hermannshof zwischen Gräsern und Stauden. Er leistet umfangreiche Forschungs- und Entwicklungsarbeit in Sachen Präriegärten.

sommerliche Trockenheit im Beet meist rasch mit Mehltaubefall reagieren, beobachtet er dieses Phänomen im Präriegarten in der Regel nicht.

Hochgras- und Kurzgrasprärie

Generell ist jedoch der Standort wichtig – Präriegarten ist nicht gleich Präriegarten. In Weinheim orientiert man sich am Vorbild der Hochgrasprärien, wie sie vor allem im Mittleren

Oben: Die Prachtkerze *(Gaura lindheimeri)* gehört zu den typischen Präriekindern und versamt sich gerne von alleine. Sie wird 70 bis 120 cm hoch.

Rechts: In dieser Präriepflanzung auf trockenem Boden verschönern die Samenstände des Präriebartgrases *(Andropogon hallii)* und des Scheinsonnenhutes *(Echinacea pallida)* von Spätsommer bis zum Rückschnitt im Frühjahr das Bild. *Aster turbinellus* und *Agastache* setzen noch Farbakzente.

Westen der USA zwischen Mississippi und Missouri vorkamen. Endlose baumfreie Flächen, von mächtigen Eichen locker bestandene Savannen mit hoch fruchtbaren, tiefgründigen Böden sowie relativ hohe sommerliche Niederschläge schufen dort optimale Wachstumsbedingungen für anspruchsvolle Pflanzen. Mannshohe Gräser wie Rutenhirsen *(Panicum virgatum)* und üppige Blüher wie Indianernesseln *(Monarda-*Arten) oder Astern *(Aster-*Arten) prägten dort und prägen heute in Weinheim das Bild. »Mit kargen, trockenen Steppenpflanzungen oder gar Kiesbeeten – wie sich das mancher erwartet – hat eine Hochgraspräriepflanzung wenig zu tun«, erläutert der Fachmann.

Wer jedoch trockenen Boden im Garten hat, kann sich an einer Kurzgraspräriepflanzung versuchen. Die Vorbilder dazu fand man in Amerika im Regenschatten der Rocky Mountains, etwa in Nebraska oder Dakota, wo sich Moskitogras *(Bouteloua gracilis)* und das niedrige Büffelgras *(Buchloe dactyloides)* mit Opuntien vermischten. Cassian Schmidt hat auch dafür eine Beispielpflanzung angelegt, in der er diese Gräser

mit Missouri-Nachtkerze *(Oenothera macrocarpa)*, Yucca- und *Penstemon*-Arten vergesellschaftet hat.

Jahreszeitlicher Aspektwechsel

»Ich schätze an Präriegärten vor allem den Artenreichtum, den naturnahen Charakter und den prägnanten jahreszeitlichen Aspektwechsel«, erläutert der Experte seine Vorliebe. Besucht man Weinheim zu verschiedenen Jahreszeiten, wird klar, was er meint. Nach dem Vorspiel der Zwiebelpflanzen im Frühjahr erwacht die Prärie mit himmelblauem Prärie-Lein *(Linum lewisii)* und Prärielilien *(Camassia cusickii* und *C. leichtlinii* subsp. *sucksdorfii)* in der ersten Maihälfte zum blühenden Leben. Im Hochsommer explodiert dann ein Farbfeuerwerk zwischen den Gräsern aus Scheinsonnenhut *(Echinacea pallida)*, Prachtscharten *(Liatris spicata)* und Mädchenaugen *(Coreopsis verticillata)*, während im Herbst die Gräser mit ihren wiegenden Halmen nicht nur Struktur, Leichtigkeit und Transparenz in die Pflanzung bringen, sondern mit ihren warmen Herbstfarben mit den Astern um die Wette leuchten.

PROF. CASSIAN SCHMIDT

Seit 1998 ist der Staudengärtnermeister und Diplomingenieur der Landschaftsarchitektur Leiter des Schau- und Sichtungsgartens Hermannshof in Weinheim. Auf dem insgesamt 2,2 ha großen Grundstück untersucht er wissenschaftlich und experimentell standortgerechte Staudenverwendung. Aufbauend auf der Arbeit seiner Vorbilder Prof. Urs Walser und Dr. Hans Simon (den er als Vater der Präriestaudenverwendung bezeichnet), hat er sich in den vergangenen Jahren intensiv mit der Entwicklung ausgewogener Präriepflanzungen nach natürlichem Vorbild beschäftigt. Seine Erfahrung schlägt sich in drei Stauden-Gräser-Mischungen nieder, mit denen auf Flächen unterschiedlicher Größe Präriepflanzungen angelegt werden können (Infos und Bezugsquellen über den Bund Deutscher Staudengärtner). Neben der Arbeit im Hermannshof hat Cassian Schmidt seit 2010 eine Professur für Pflanzenverwendung an der Hochschule Geisenheim University.

Ein kleines privates Gräserparadies

Ein gelungener Gräsergarten muss keineswegs immer parkähnliche Ausmaße annehmen! Dass auch in der Größenordnung normaler Hausgärten traumhafte Bilder entstehen, beweist der Garten von Hermine und Kurt Kittsteiner in Hattingen-Niederwenigern. Auf einem 690 qm großen Grundstück in Hanglage steht ein Dreifamilienhaus, dahinter erstrecken sich knapp 300 m² ebene Gartenfläche. Nach dem Einzug ins Haus 1992 wurde der Garten erstmals durch eine Gartenarchitektin angelegt, dann jedoch mit den Jahren etwas vernachlässigt und wenig gepflegt. »Schließlich hatten wir zwei, drei Wochen Blüten im Jahr und dann nur noch Grün«, erinnert sich der Hausherr, »und das gefiel mir nicht mehr.« So wurde die Gartengestalterin Ingrid Adelt beauftragt, einen neuen Entwurf anzufertigen, der dann 2009 und 2010 realisiert wurde.

Eine lange Wunschliste

Die Liste der Wünsche, die Kittsteiners für ihren neuen Garten formulierten, war für die relativ kleine Fläche ganz schön lang. Drei DIN-A4-Seiten gaben Sie der Planerin an die Hand. Eine Terrasse mit Überdachung sollte Platz finden, ebenso ein Gartenhaus und ein Teich sowie eine »Schmuddelecke« für Gartengeräte, Komposter und ähnliche Notwendigkeiten. Eine Natursteinmauer, eine Kräuterecke und Flächen mit Kies und Splitt sollten entstehen. Die Anzahl der Gehölze wollten die Besitzer reduziert sehen und die Rasenfläche sollte schrumpfen, dafür waren mehr Blütenpflanzen erwünscht. Und last, but not least sollte das Ganze auch noch pflegeleicht sein.

Ingrid Adelt gelang es dennoch, alle Wünsche zu verwirklichen. Dabei setzte sie vor allem auf Gräser und Stauden. »Wir waren beiden gegenüber zunächst skeptisch und mussten erst überzeugt werden«, gesteht Kurt Kittsteiner, »aber heute sind wir begeistert.« Von den vielen Gehölzen, die den Garten vorher schmückten, blieben nur wenige stehen. Für das Ausgraben der Bäume und Sträucher und die Bodenbearbeitung musste ein Minibagger durch drei benachbarte Gärten herangeschafft werden, da der Garten keinen direkten Zugang zur Straße hat.

Eine prominente Rolle spielt heute die Schnee-Kirsche *(Prunus subhirtella* 'Autumnalis') vor dem Gartenhaus. Eine halbrunde Bank schmiegt sich um ihren Stamm und bietet einen von mehreren Sitzplätzen, von denen aus man den Garten in unterschiedlichen Perspektiven genießen kann. Eine ebenfalls abgerundete umgebende Kiesfläche, in die einige größere Trittplatten eingefügt sind, befestigt den Boden. Ein Silber-Ährengras *(Stipa calamagrostis* 'Lemperg') erhebt daneben seine blattlosen Blütenstängel fast auf Augenhöhe. Seitlich vor dem Gartenhaus lädt eine Bauernbank zum Niederlassen ein sowie am Haus die überdachte Terrasse.

Ruhrsandstein und Granit

Die Terrasse ist mit Holz und Ruhrsandsteinplatten ausgelegt. Letztere bilden auch die Umrandung des Teiches und die Trittplatten, die über das Wasser und über die Rasenflächen

Rechts: Von der Halbrundbank unter der Schnee-Kirsche aus kann man den Ausblick auf die filigranen Strukturen von blühenden Gräsern, Schleier-Eisenkraut und anderen Stauden entspannt genießen.

führen. Am tiefsten Punkt des Grundstücks sammelte sich früher nach Niederschlägen das Wasser und überflutete mehr als ein Drittel der Gartenfläche, sodass es nicht mehr zu betreten war. Heute sorgen dort Drainagen sowie ein Rondell aus Ruhrsandsteinplatten für festen Boden unter den Füßen. Die Umrandung von Wegen, Sitzplätzen und Grünflächen besteht aus Granit-Katzenköpfen. Sie unterscheiden sich in Form und Farbe apart von den großen Sandsteinplatten – ein Kontrast, der dem Garten zusätzliche Struktur verleiht.

Farbe für viele Monate

Ein Meer aus Gräsern und Stauden sorgt für Farbe und Dynamik in den Beeten. Lampenputzergras *(Pennisetum alopecuroides* var. *viridescens)* erhebt seine perfekte runde Kuppel und schmückt sie im Sommer mit seinen flauschigen dunklen »Flaschenbürsten«. Dahinter verleihen Nachtkerzen *(Oenothera biennis)*, Königskerzen *(Verbascum chaixii)* und Kandelaber-Ehrenpreis *(Veronicastrum virginicum* 'Fascination') der Pflanzung Höhe, während Schönastern *(Kalimeris incisa* 'Madiva'), Perlkörbchen *(Anaphalis triplinervis* 'Sommerschnee') und Kerzen-Knöterich *(Bistorta amplexicaualis)* ihre Farbteppiche ausbreiten. Schleier-Eisenkraut *(Verbena bonariensis)* setzt seine violetten Tupfer dazwischen und den Beetrand säumen gelb-grün panaschierte Schwertlilien *(Iris pallida* 'Variegata'). Sie eröffnen im Frühjahr den Blütenreigen, der sich dann über Monate hinweg fortsetzt und immer wieder neue Hauptakteure in den Vordergrund rückt.

Auf der anderen Seite der kleinen Rasenfläche geben sich blau und weiß blühende Stauden ein Stelldichein. Storchschnabel *(Geranium*-Hybride 'Rozanne'), Herbst-Helmkraut *(Scutellaria incana)*, Schönastern und Bergminze *(Calamintha nepeta* 'Triumphator') kontrastieren in ihren kühlen Farbtönen, während der Teichrand von flauschigem, im Herbst ockergelbem Mexikanischem Federgras *(Stipa tenuissima)* gesäumt wird. Schwer, sich bei dieser Pflanzenfülle für einen Favoriten zu entscheiden: »Eine einzelne Lieblingspflanze habe ich eigentlich nicht«, gesteht Kurt Kittsteiner. »Mir gefällt, dass jetzt ständig etwas blüht. So viel Farbe gab es vorher nicht!«

Stimmungsvolle Beleuchtung

Besondere Freude macht den Besitzern jedoch die ausgeklügelte Beleuchtung, die dem Garten in der Dämmerung und Dunkelheit eine wunderbare Atmosphäre verleiht. Verschiedene Leuchten erhellen Wege und Sitzplätze – natürlich alles per Fernbedienung regelbar. Hat man sich gemütlich niedergelassen, genießt man die Highlights, die zusätzliche Strahler an exponierten Gartenstellen setzen. So erwacht das transparente Federgras am Teichrand zu nächtlichem Glanz und die Schnee-Kirsche wirft mystische Schatten. Die abendliche Stimmung genießen die Kittsteiners gerne von der Terrasse aus oder auf der Bauernbank am Gartenhaus.

Die Pflege des neuen Gartens erledigen die Hausherren selbst. Die Gräser und Stauden bleiben über den Winter stehen, die kleine Rasenfläche wird regelmäßig gemäht. Tatsächlich empfinden sie den neuen Garten als pflegeleichter als den alten. »Am aufwendigsten erweist sich das Entfernen von Falllaub auf den Kies- und Splittflächen«, lautet ihr Resümee.

Links: In den Beeten gibt es jetzt während der ganzen Saison Farbe. Im Vordergrund sorgt ein blau-weißes Stauden-Ensemble für Kontraste, im Beet hinten dominieren mit Rot und Gelb warme Farben.

Oben: Strahler und Leuchten setzen den Garten bei Einbruch der Dunkelheit geschickt in Szene und rücken Einzelheiten mit ihrem Licht- und Schattenspiel in den Mittelpunkt der Aufmerksamkeit.

Ziergräser in formaler Struktur

»Am liebsten sitzen wir an der Nordseite unter den Obstbäumen, weil wir von dort aus den ganzen Garten überblicken können«, erklärt Hero de Smeth. »Denn aus der Distanz betrachtet kommen die Formen und verschiedenen Höhen der Gräsergruppen am eindrucksvollsten zur Geltung.« Dem Gräsergarten von Ans und Hero de Smeth liegt ein ungewöhnliches Konzept zugrunde. Keine wilden Blumenwiesen, Präriemischungen oder ausgeklügelten Rabattenkombinationen bestimmen das Bild, sondern großzügig dimensionierte Flächen aus jeweils einer Pflanzenart. Dadurch entstehen nahezu formale Strukturen, die jedoch nichts Strenges an sich haben, sondern durch die Leichtigkeit und Beweglichkeit der Gräser weich und fließend wirken.

Wie Wellen im Wind

Beim leisesten Lufthauch, der durch die Beete zieht, beugen sich die Grashalme mit der Windrichtung und die Oberfläche kräuselt sich, begleitet von einem sanften Rauschen und Rascheln. Diese Eigenschaft lieben die de Smeths besonders an ihrem Gräsergarten, denn Wind gibt es in der niederländischen Provinz Overijssel ja nicht zu knapp.

Links: Gut abgestuft erhebt sich eine Gräserart hinter der anderen und strukturiert den Raum. Für Farbflächen sorgen Purpur-Fetthenne 'Matrona' und signalrotes Japan-Blutgras 'Red Baron'.

»Wir wollten einen Garten, der vergleichsweise wenig Arbeit macht. Die meisten Gräser wachsen schnell und lassen Unkräutern daher immer weniger Platz um aufzulaufen.«

Hero De Smeth

Als sie ihren Garten 2007 neu anlegten, trieb sie vor allem der Wunsch nach einer pflegeleichten Gestaltung an, die wenig Gartenarbeit erfordert. Bei einem 6 000 m^2 großen Grundstück ein verständliches Anliegen. Durch Zufall fiel ihnen ein Zeitschriftenartikel über Gräsergärten in die Hände. Beide waren sofort interessiert. »Je mehr wir dann in das Thema eintauchten, desto enthusiastischer wurden wir«, erinnert sich Ans de Smeth. Ziergräser schienen ihre Erwartungen genau zu erfüllen. Einen ersten groben Plan entwarfen die Besitzer selbst, für die Umsetzung holten sie sich professionelle Hilfe bei der Gräserspezialistin und Gartengestalterin Lianne Pot (siehe Seite 13 ff.). Sie arbeitete die Pflanzpläne aus und lieferte das Material.

Dreidimensional und farbig

Fast ein Drittel der Gesamtfläche, 1 700 qm, wurde mit Gräsern bepflanzt. Dazwischen setzen einige Staudenbeete Farbkleckse. Den Rest des großen Grundstücks füllen der Obstgarten, eine Wiese und eine Gehölzpflanzung. So fügt sich die außergewöhnliche Anlage perfekt in die umgebende Landschaft ein. Die Gräserflächen sind akkurat nach Höhen gestaffelt und ergeben dadurch ein dreidimensionales Bild. Chinaschilf *(Miscanthus sinensis)* überragt Garten-Reitgras *(Calamagrostis × acutifolia* 'Karl Foerster'), und dieses wiederum erhebt sich über Rasen-Schmiele *(Deschampsia cespitosa)* und Japan-Blutgras *(Imperata cylindrica* 'Red Baron'). So entsteht der Eindruck mehrerer Etagen, die sowohl Fläche als auch Raum strukturieren.

Als Farbträger taucht immer wieder die rotstielige Purpur-Fetthenne (*Sedum*-Hybride 'Matrona') auf, aber auch der Kerzen-Knöterich *(Bistorta amplexicaulis)*. Beide feuern die grünen,

Rechts: Die feinen Samenstände der Rasen-Schmiele (rechts) reagieren auf jeden Windhauch. Kerzen-Knöterich und Fetthenne wirken dagegen kompakt und stabil. Dahinter schießt Garten-Reitgras wie eine Fontäne gen Himmel.

beigenfarbenen, gelben und braunen Töne der Gräser mit kräftigem Rot an. Unterstützt werden sie dabei vom signalroten Japan-Blutgras 'Red Baron', eines von de Smeths Lieblingsgräsern. »Einfach ein fantastisches farbiges Gras und immer ein echter Hingucker«, schwärmt die Besitzerin. Auch das mächtige Riesen-Federgras *(Stipa gigantea)* lieben beide. Mit seiner Größe von bis zu 250 cm hebt es sich vom Rest der Pflanzung ab, wirkt aber mit seinen transparenten Halmen und den filigranen goldenen Samenständen dennoch nie plump. Den Platz unter den Favoriten hat sich das Garten-Reitgras erst im Lauf der Jahre erobert. »Aber es ist das erste Gras, das im Frühjahr grün austreibt«, freut sich Hero de Smeth, »und es hat sich als sehr standfest erwiesen. Selbst bei Sturm und heftigem Regen bleibt es aufrecht im Beet«.

Bepflanzte Baumscheiben

Überhaupt haben sich die Erwartungen der Besitzer in Sachen Pflegeleichtigkeit weitgehend erfüllt. Alle paar Jahre müssen zu breit gewordene oder im Zentrum verkahlte Horste aufgenommen und geteilt werden. An regelmäßig anfallenden Arbeiten steht nur der Rückschnitt im Februar oder März an. Dann werden alle Gräser auf zehn bis 15 cm Höhe zurückgeschnitten, beziehungsweise auf den großen Flächen abgemäht. Bis zum Austrieb muss dann auch Unkraut gejätet werden. Doch glücklicherweise bedecken die Gräser den Boden rasch wieder. Zum Teil wurden sie sogar gezielt zur Arbeitserleichterung eingesetzt, etwa unter der Reihe von Korbweiden im Garten. Wozu mühevoll Baumscheiben frei halten? Ein Streifen aus Rasen-

Schmiele mit akkurater Kante erleichtert das Mähen der Wiese, sieht hübsch aus, sollte den Boden unter den Bäumen bedecken und damit das Jäten erübrigen. Letzteres hat sich jedoch nicht ganz erfüllt. Immer wieder nisten sich zwischen den Halmen der Rasen-Schmiele verschiedene Wildgräser ein. Zudem neigt das Ziergras selbst sehr stark zum Versamen. »Wildgräser und Sämlinge machen uns hier schon zu schaffen«, gesteht Hero de Smeth. »Aber insgesamt ist der Garten doch vergleichsweise pflegeleicht.« Die optische Wirkung der bepflanzten Baumscheiben ist jedenfalls sehr überzeugend. An anderer Stelle untermalt die Haar-Marbel *(Luzula pilosa* 'Igel') die Baumreihe ähnlich charmant. Sie kommt mit Wurzeldruck und Schatten prima zurecht, ihre halbrunden Buckel ducken sich buchstäblich wie grüne Igel auf die Erde und machen dem Sortennamen damit alle Ehre. Und sie setzen zusätzliche geometrische Akzente in den formalen Garten.

Links: Die Rasen-Schmiele der Sorte 'Goldtau' umschmeichelt die Stämme der Kopfweiden und verwandelt den Baumstreifen in eine Augenweide.

Oben: Geometrische Akzente setzen auch die Halbkugeln der immergrünen Haar-Marbel. Die Sorte 'Igel' hat ihren Namen völlig zu Recht.

»Wir genießen den Garten wirklich das ganze Jahr. Selbst im Winter wenn Schnee und Eis an den Gräsern hängen, bietet er einen bildschönen Anblick.«
Ans De Smeth

Traumhafte Wintersilhouetten

Rund ums Jahr bietet die Anlage den de Smeths immer wieder neue Reize. Im Frühjahr ist es das frische Grün des Austriebs, das Vorfreude auf die Saison weckt. Im Sommer erfreuen sie sich an den fedrigen Blütenrispen der Gräser und den sich daraus entwickelnden Samenständen. Im September und Oktober, wenn der Herbst auch noch die Blätter verfärbt, hat der Garten seinen Höhepunkt. Dann changieren die Gräser in allen Nuancen des warmen Farbspektrums: von Cremeweiß über Gelb, Gold, Orange, Kupfer bis Rostbraun und Rot. Der Winter schließlich verzaubert das Ganze in eine Zuckerbäckerlandschaft. Wenn Tau, Raureif oder Schnee die Halme und Rispen mit funkelnden Tropfen und glitzernden Kristallen überziehen, erwacht die formale Struktur des Gartens zu neuem, gleißendem Leben.

Hin und wieder forderten die Witterungsverhältnisse auch Opfer. So wurde die Rutenhirse *(Panicum virgatum* 'Rehbraun'), die nach Regenfällen umkippte und sich schlecht erholte, gegen weiteres Blutgras und reichblühendes Lampenputzergras *(Pennisetum alopecuroides* 'Little Bunny') ausgetauscht. Und im strengen Winter 2011/12 kapitulierte das filigrane, wärmeliebende Engelshaar *(Stipa tenuissima = Nasella tenuissima)*, tauchte in der Folgesaison jedoch in Form zahlreicher Sämlinge wieder auf. »Überhaupt haben sich fast alle Gräser rasch wieder erholt und bleiben fester Bestandteil unseres Gartens«, resümiert Hero de Smeth.

Oben: Im Garten der de Smeths ist die kalte Jahreszeit alles andere als kahl. Die formalen Strukturen kommen auch unter Schnee hervorragend zur Geltung.

Unten: Mit glitzernden Kristallen besetzt, wirken die Halme der Gräser wie eingefrorene Wasserfontänen und funkeln im Gegenlicht der Sonne – eine wahre Märchenlandschaft.

Präriegarten-Praxis: Pflanzung und Pflege

Die Beispiele der vorangegangenen Seiten haben Sie vielleicht inspiriert und vor Ihrem inneren Auge ist die Idee für Ihren eigenen Prärie- oder Gräsergarten entstanden. Nun stellt sich die Frage: Wie realisiert man diese Vorstellung?

Einen Präriegarten anlegen

Wer einen Präriegarten anlegen möchte, braucht in jedem Fall eine sonnige, von Gehölzen freie Fläche, die mindestens fünf Stunden am Tag direkter Einstrahlung ausgesetzt ist. Der Boden sollte durchlässig und frei von Staunässe sein. Ob er eher frisch und humos oder mehr trocken und sandig ist, beeinflusst die Pflanzenauswahl. Für beides gibt es passende Präriepflanzen-Mischungen. Hochgras-Präriepflanzen brauchen fruchtbarere Erde. Für mageren Untergrund empfehlen sich die weniger hoch werdenden Arten der Kurzgrasprärien, die in höheren Gebirgslagen und im Regenschatten der Rocky Mountains natürlich vorkamen.

Je größer die Pflanzfläche, desto mehr wird sich das typische Prärieflair einstellen, mit dem Gefühl von Weite und Savanne. Aber wer hat schon Gärten von Prärieformat? Keine Bange, auch kleinere Flächen oder sogar einzelne Beete lassen sich in diesem Stil bepflanzen. Die Angaben zur Mindestgröße variieren bei den Experten allerdings. Von 30 m^2 sprechen die einen, andere von 15 m^2 oder gar nur 10 m^2. In jedem Fall sollte man sich bewusst sein: je größer, desto besser. Nicht nur der Originalatmosphäre wegen, auch die angestrebte ökologische Balance zwischen den einzelnen Pflanzenarten gelingt leichter, je mehr Platz für die natürliche Dynamik zur Verfügung steht.

Befreien Sie den Boden vor der Neuanlage gründlich von Wurzelunkräutern. Schwere Erde kann man durch Untermischen von etwas Kies oder Splitt durchlässiger machen. Die Beimengung von Bentonit (ein Gesteinsmehl) erhöht bei sehr sandigem Boden die Wasserhaltekraft.

Pflanzen statt säen

Obwohl die Selbstaussaat der Arten in Präriepflanzungen später durchaus eine gewisse Rolle spielt, ist für die Neuanlage eine Pflanzung der Aussaat vorzuziehen. Besorgen Sie sich Jungpflanzen und setzen Sie sie im Frühjahr in die Erde. Die beste Zeit ist zwischen April und Mitte Juni. Vor allem Gräser, die winternässeempfindlich sind, sollte man besser nicht im Herbst pflanzen.

Akribische Pflanzpläne, die mühsam vom Papier auf die Beete übertragen werden, sind im Präriegarten überflüssig. Gräser

Oben: Für einen Präriegarten gibt es keinen strengen Pflanzplan, die Arten sollen ganz natürlich ineinanderwachsen.

Unten links: Es gibt fertige Prärie-Mischungen für verschiedene Standorte. Immer müssen es jedoch sonnige Freiflächen sein, auf denen ein Präriegarten angelegt wird.

Unten rechts: Präriestauden haben oft attraktive Samenstände, hier die der Prachtscharte *(Liatris spicata)*. Einige säen sich selbst aus; so unterliegt eine Präriepflanzung immer einer gewissen Dynamik und verändert sich von Jahr zu Jahr.

und Stauden werden locker über die Fläche verteilt und sollen sich wiesenartig ineinander verweben. Während in den natürlichen Prärien das Verhältnis von Gräsern zu Stauden etwa 70 zu 30 Prozent beträgt, hält man es im Garten eher umgekehrt. Immer wird es sich jedoch im Lauf der Zeit etwas zugunsten der Gräser verschieben. Die Kombination der einzelnen Arten überlässt man besser Fachleuten.

Modulartige Pflanzenmischungen

Um präriartige Pflanzengemeinschaften zu realisieren, die sich über Jahre im Gleichgewicht halten und damit entsprechend pflegeleicht bleiben, braucht es profunde Pflanzenkenntnis und Erfahrung, die Hobbygärtnern, aber auch öffentlichen Grünämtern in der Regel fehlt. Um die faszinierenden Präriepflanzungen dennoch einem breiten Publikum zugänglich zu machen, hat man in Weinheim (siehe Seite 27) auf der Basis der eigenen jahrelangen Forschungsarbeit Mischungen entwickelt, die auch Laien die Anlage leicht machen. Sie sind modulartig aufgebaut und können damit jeder Beetgröße problemlos angepasst werden. Das Mengenverhältnis der Arten untereinander bleibt jedoch immer gleich! So bleiben stets harmonische Konkurrenzbedingungen gewährleistet. Es gibt Mischungen für unterschiedliche Bodenverhältnisse und mit verschiedenen ästhetischen Schwerpunkten. In Deutschland sind die entsprechenden Pflanzenlisten über den Bund Deutscher Staudengärtner zu beziehen. Dort erfährt man auch Adressen von Gärtnereien, die die entsprechenden Pflanzen vertreiben. Auch die Gräserspezialistin Lianne Pot (siehe Seite 13 ff.) bietet verschiedene Kombinationen an.

Mulchen oder nicht

Ob die neue Pflanzung mit einer mineralischen Mulchschicht abgedeckt wird oder nicht, kann jeder für sich entscheiden. Es ist kein Muss, wird aber zumindest in den ersten Jahren nach der Pflanzung meist so gehandhabt. Die anfänglich noch vorhandenen Lücken zwischen den Jungpflanzen sind auf diese Weise leichter unkrautfrei zu halten. Bewährt hat sich zu diesem Zweck eine etwa 7 bis 8 cm dicke Auflage aus Splitt oder Lava

der Körnung 8 bis 16 mm. Samenunkräuter wurzeln darin nicht so leicht ein, und sofern doch, sind sie relativ leicht zu entfernen. Die Mineralschicht schützt außerdem den Wurzelhals der Jungpflanzen vor Fäulnis. Daneben drosselt sie die Wasserverdunstung und hält den Boden länger feucht, was wiederum den Gießaufwand reduziert. In den ersten ein bis zwei Jahren, bis die Pflanzen gut eingewachsen sind und den Boden bedecken, muss bei Trockenheit gewässert werden. Später sollten Jäten und Gießen im Präriegarten überflüssig sein.

Die laufende Pflege

Kurzlebige Arten werden verschwinden oder wegen Selbstaussaat nach eigenem Gusto durch den Garten wandern. Wo diese »planlose Ausbreitung« nicht erwünscht ist – in kleineren Beeten etwa, wo die »Auswanderer« dann den Rest des Gartens erobern –, schneidet man abgeblühte Blütenstände vor der Samenbildung ab. Auch einzelne Staudenarten, die sich vielleicht im Winter als nicht standfest erweisen, kann man in kleineren Pflanzungen selektiv im Spätherbst herausschneiden. Ansonsten fällt an regelmäßigen Pflegemaßnahmen im Präriegaren – wie in jedem Gräsergarten – nur der jährliche komplette Rückschnitt der Pflanzen bis knapp über den Boden an. Er erfolgt am besten im Spätwinter oder im Frühjahr vor dem Neuaustrieb und kann in größeren Anlagen mit dem Mäher erfolgen.

Links: Das Verhältnis von Gräsern zu Stauden beträgt im Präriegarten etwa 30 zu 70 Prozent, wird sich im Laufe der Zeit jedoch immer zugunsten der Gräser verschieben. Hier erheben sich Pfeifengräser und Diamantgras neben Herbst-Anemonen.

Oben: Eine Mulchschicht aus Lavasplitt bedeckt hier den freien Boden zwischen den Gräserhorsten. Sie erschwert das Auflaufen von Unkräutern und reduziert die Verdunstung von Feuchtigkeit aus dem Boden. Der Pflegeaufwand hält sich somit in Grenzen.

Gräser in Rabatten

Verglichen mit anderen Rabattenschönheiten, erweisen sich Gräser auch in diesem Kontext als sehr pflegeleicht. Die beste Pflanzzeit ist für Gräser generell das Frühjahr, da die meisten mit Winternässe schlecht zurechtkommen. Gängige Arten gibt es inzwischen in jedem Gartencenter, ausgefallenere und spezielle Sorten kann man in großen Versand-Staudengärtnereien bestellen. Achten Sie beim Pflanzen darauf, dass der Scheitel der Horste auf gleicher Höhe mit der Bodenoberfläche abschließt. Wichtig ist auch, Unkräuter, vor allem Wildgräser, vor dem Pflanzen gründlich zu entfernen.

Die Ausbreitung bremsen

Im Jahr der Pflanzung die Erde gleichmäßig feucht halten. Sind die Gräser erst einmal eingewachsen, brauchen sie nicht mehr viel Zuwendung. In Rabatten ist jedoch gelegentlich die ordnende Hand des Gärtners gefragt. Gerade die robusten Gräser neigen dazu, ihre Horste im Lauf der Jahre auszudehnen; sie bedrängen dann mitunter weniger vitale Beetnachbarn. Häufig verkahlen sie auch nach vier, fünf Jahren von der Mitte her. Wenn Sie das feststellen, ist es Zeit, den Ballen auszugraben und zu teilen. Achtung: Das kann bei einigen Arten durchaus Säge oder Axt erfordern! Danach setzt man ein Teilstück an die gleiche Stelle ins Beet, das andere kann man verschenken oder anderswo ansiedeln. Stark Ausläufer treibende Arten, etwa das Pfahlrohr *(Arundo donax)* und viele Bambusarten (*Phyllostachys*-Arten), pflanzt man am besten gleich mit Rhizomsperre. Dazu kleidet man das Pflanzloch bis in 70 cm Tiefe an den Rändern mit für Wurzeln undurchdringlicher Folie aus, die etwa 10 cm über die Erdoberfläche herausragen sollte.

Stützen und schützen

Sehr stattliche, laubreiche Arten wie Chinaschilf *(Miscanthus sinensis)* freuen sich über eine Gabe Kompost im Frühjahr. Generell sollte man Gräser eher zurückhaltend düngen. Fast alle Ziergräser sind bei uns ausreichend winterhart. Einige wenige wie *Arundo donax* oder *Cortaderia selloana* freuen sich über einen Winterschutz im Wurzelbereich, bestehend aus trockenem Laub und einer Reisigabdeckung. Bei *Cortaderia* bindet man die Blätter außerdem zu einem schützenden Schopf zusammen.

Oben links: Ob im Präriebeet oder in der Rabatte – im Frühjahr vor dem Neuaustrieb werden Gräser bodennah abgeschnitten.

Oben rechts: Bei zu guter Düngung werden Gräser oft standschwach, Staudenstützen leisten dann gute Dienste.

Unten links: Bei auseinanderfallenden Stauden lohnt sich der Rückschnitt vor dem Winter.

Unten rechts: Horstbildende Gräser verkahlen nach Jahren von der Mitte her oder werden schlicht zu breit. Dann teilt man den Ballen.

Die schönsten Pflanzen für Präriegärten

Die schönsten Pflanzen für Präriegärten

»Im Präriegarten werden verstärkt solche Stauden verwendet, die robust sind und einen Wildstaudencharakter haben.«

Cassian Schmidt

Gräser und Stauden – eine Auswahl

Glücklicherweise muss angesichts der Vielfalt an Pflanzen niemand beurteilen, welche die schönste ist? Für ein gelungenes Gartenbild kommt es schließlich auf das Zusammenspiel mehrerer unterschiedlicher Pflanzpartner an. Die einzelnen Grasarten und Stauden sind quasi das »Mobiliar«, mit dem Sie Ihren Garten einrichten. Wählen Sie und kombinieren Sie so, dass Sie sich wohlfühlen.

Favoriten entdecken

Wer glaubt, Prärie ist doch gleich Prärie, der irrt. Zwar ist die Voraussetzung für einen Präriegarten eine möglichst sonnige, offene, baumfreie Fläche. Doch das heißt noch lange nicht, dass sich die immer gleichen Pflanzen darin finden. In den vorangegangenen Kapiteln wurden bereits unterschiedliche Beispiele und Gartenanlagen vorgestellt. Vielleicht haben Sie Ihre Favoriten schon entdeckt. Vielleicht möchten Sie neue Kombinationen ausprobieren? Die Pflanzenporträts auf den folgenden Seiten sollen eine Entscheidungshilfe bieten. Beantworten Sie sich vor der Auswahl folgende Fragen:

- **Boden mager oder fett?** Bietet Ihr Garten humosen, nährstoffreichen Boden mit guter Wasserversorgung? Dann können Sie auch die anspruchsvolleren Arten, die in den Hochgasprärien in der Mitte des nordamerikanischen Kontinents zu Hause sind, wählen. Kein Zufall, dass darunter auch etliche sind, die man aus den Prachtstaudenrabatten oder Bauerngärten kennt. Wer jedoch auf sandigen, steinigen, leicht austrocknenden Böden gärtnert, sollte sich an die Asketen halten, die meist aus den Kurzgasprärien des Südwestens der USA oder aus Mexiko stammen.
- **Purist oder Kosmopolit?** Puristen mögen kritisieren, dass sich auch einige nichtamerikanische Arten in den Porträts finden. Wer seinen Garten ganz »indianisch« will, kann natürlich darauf verzichten. Die vorgestellten »Ausländer« passen jedoch vom ihrem Stil und von ihren Ansprüchen her sehr gut zum Prärie-Look und sind deshalb häufig in entsprechenden Anlagen zu sehen.
- **Pflegeleicht oder plakativ?** Welcher Aspekt des Präriegartens steht für Sie persönlich im Vordergrund? Schätzen Sie diese Gartenform vor allem wegen ihrer ökologischen Ausgeglichenheit und wildhaften Ausstrahlung, die wenig gärtnerisches Eingreifen erfordern? Dann wählt man vor allem bei den Stauden besser Wildformen wie *Echinacea pallida* oder *Monarda fistulosa*. Fasziniert Sie einfach der Charakter dieser gräserdominierten Gärten und freut man sich auch an kräftigen Farbakzenten und auffallenden Formen? Dann passen manchmal vielleicht die üppigeren oder farbintensiveren Blüten der Gartenhybriden von Indianernessel, Phlox und Co. besser ins Bild.

Oben: Artenvielfalt ist Trumpf im Präriegarten. Hier steht ein Lampenputzergras im Mittelpunkt und wird umrahmt von Purpur-Sonnenhut, Sonnenhut und den violetten Köpfen des Schleier-Eisenkrauts.

Unten: Auch das Spiel mit Formen und Farben kommt im Präriegarten nicht zu kurz. Yuccablättrige Edeldisteln mit ihren Kugelköpfen kontrastieren wunderbar mit den schlanken Kolben der Duftnesseln 'Black Adder'.

Moskitogras, Haarschotengras

Bouteloua gracilis

Wie ein Schwarm Mücken flirren die dunklen Blüten von Juni bis September über den grünen Blatthorsten. Aus der Nähe betrachtet ähneln die Ähren, die waagerecht wie Fahnen im Wind vom Halm abstehen, eher kleinen Bürstchen. Sie sind zunächst rotbraun, später strohgelb gefärbt. Auf jeden Fall sind sie für die deutsche Namensgebung verantwortlich. Sowohl die Bezeichnung »Moskitogras« als auch der Name »Haarschotengras« beziehen sich auf diese extravaganten Blüten.

Mit feinen, zierlichen, bronzegrünen Blättchen bildet das Gras kompakte Schöpfe von 20 bis 40 cm Höhe. Pflanzt man sie sehr dicht und hält sie kurz (gut 5 cm hoch), fungieren sie prima als Bodendecker oder können sogar als Rasenersatz, der Betreten erträgt, eingesetzt werden. In mildem Klima sind sie wintergrün, hierzulande jedoch nur selten. Dennoch ist die Pflanze sehr frosthart, nur Winternässe mag sie nicht.

Aus der Kurzgrasprärie

Zu Hause ist das Moskitogras in der Kurzgrasprärie des Südwestens der USA (Texas, Kalifornien) und in Mexiko. Daher schätzt es auch bei uns durchlässigen, sandigen oder steinigen Boden, der eher trocken und nährstoffarm sein sollte. Der Standort liegt am besten in voller Sonne.

Nicht nur in Präriepflanzungen, sondern auch in Steppengärten und Kiesbeeten macht das transparent wirkende Moskitogras eine gute Figur. Prima harmoniert es mit gelben Nachtkerzen und orange-gelben Kokardenblumen.

Verwandte Arten
Das Hohe Haarschotengras *(B. curtipendula)* schießt 100 bis 110 cm hoch auf und toleriert auch halbschattige Standorte. Es trägt graugrünes Laub, das sich im Herbst violett oder orange-rot verfärbt. Seine Blüten hängen malerisch bogig über.

Foto: *Bouteloua gracilis*

Garten-Reitgras, Garten-Sandrohr

Calamagrostis × acutiflora 'Karl Foerster'

Es ist wohl eines der populärsten und beliebtesten Ziergräser, die es gibt. Obwohl es sich hier um ein Gras europäischer Herkunft handelt, passt es hervorragend in Präriegärten. Im Grunde stellt es eine Bereicherung dar, denn anders als die »Amerikaner« treibt es bereits sehr früh in der Saison (April) aus und belebt die Szene schon, wenn die anderen noch Winterschlaf halten. Beim Garten-Reitgras handelt es sich um eine natürliche Kreuzung aus *Calamagrostis epigejos* und *Calamagrostis arundinacea*. Die Sorte 'Karl Foerster' ist eine Auslese.

Ihre steile Karriere im Garten verdankt sie mehreren Vorzügen. Zum einen sind ihre Samen steril, sie versamt sich also nicht selbstständig, und ebenso wenig neigt sie zum Wuchern. Im Gegenteil, sie bleibt nicht nur kompakt, sondern glänzt zudem mit extrem schlankem, straff aufrechtem Wuchs. Alles Eigenschaften, die in kleinen Gärten höchst willkommen sind.

Steiler Fingerzeig nach oben

Eng gebündelt, treiben die Blätter aus und bilden etwa 60 cm hohe, extrem schlanke Horste. Ab Juni schießen daraus senkrecht wie Raketen die Blütenhalme auf. Bis zu 180 cm werden sie hoch. Die Rispen sind zunächst grün und locker gespreizt, um sich später zusammenzuziehen und ockergelbe Farbe anzunehmen. Sie bleiben den ganzen Herbst und Winter über attraktiv und aufrecht.

Mit seiner Statur eignet sich 'Karl Foerster', in Reihe gepflanzt, mühelos als Sichtschutzpflanze. Unersetzlich ist die Sorte jedoch als Strukturgeber in Rabatten und größeren Pflanzungen sowie einzeln, um vertikale Akzente zu setzen. Vielseitigkeit beweist sie auch in puncto Anpassungsfähigkeit an den Standort. Zwar bevorzugt sie sonnige Lagen auf durchlässigen, nährstoffreichen und frischen Böden, doch arrangiert sie sich auch noch mit Halbschatten und etwas trockenerem Untergrund. Nur Vollschatten macht sie standschwach und instabil.

Sorten
Eine aparte Erscheinung mit frühlingshaftem Flair ist die Sorte 'Overdam'. Ihre Blätter schmücken sich am Rand mit cremeweißen Längsstreifen. Sie wird nicht ganz so hoch wie 'Karl Foerster', mit Blüte erreicht sie etwa 150 cm. 'Avalanche' wird 120 cm hoch und trägt einen weißen Mittelstreifen.

Foto: *Calamagrostis × acutiflora* 'Karl Foerster'

Diamantgras

Calamagrostis brachytricha

Breite, locker-duftige Blütenrispen sind das Markenzeichen dieses schmucken Grases. Wie Gischt schäumen sie am Ende der bis zu 120 cm hohen Halme auf und funkeln wie Diamanten, wenn früh am Morgen Tautropfen in den feinen Strukturen hängen. Dieses Phänomen verhalf der Pflanze wohl zu ihrem deutschen Namen.

Die Blätter des Diamantgrases werden bis 1,2 cm breit und bilden Horste von rund 80 cm Höhe. Oben sind sie mitunter leicht bronzefarben angehaucht und hängen bogig über, was das insgesamt weiche Erscheinungsbild unterstreicht. Im Herbst, etwa ab Oktober, verfärben sie sich gelb. Die Blütenrispen erscheinen ab Ende August/ September und halten, sofern kein Schnee die Pflanze begräbt, bis in den Winter. Anfangs wirken sie leicht rötlich oder violett, später nehmen sie ihre silbrig-helle Farbe an.

Für Präriegärten und Rabatten

Mit seinen buschigen Horsten nimmt das Diamantgras 80 bis 90 cm Breite ein. Man sollte ihm also entsprechend Platz im Garten einräumen. Meist gedeiht es aufrecht, wo es schattig steht, neigt es sich oft vornüber und benötigt dann gegebenenfalls eine Stütze. Der ideale Standplatz ist sonnig bis halbschattig und verfügt über einen frischen, gut wasserversorgten Boden mittleren Nährstoffgehalts. Insgesamt ist das Gras aber sehr anpassungsfähig und gedeiht auf unterschiedlichsten Böden.

Obwohl das Diamantgras aus Ostasien (Korea und Japan) stammt, fügt es sich mit seiner optischen Erscheinung hervorragend in Präriegärten ein und belebt diese mit seinem frühen Austrieb bereits zeitig im Jahr. Es brilliert aber auch in der Rabatte unter Stauden und malt dort zusammen mit Astern, Wasserdost oder Fetthennen zauberhafte Herbstbilder. Selbst am Gehölzrand, im Baumwurzelbereich, behauptet es sich problemlos.

Verwandte
Von *Calamagrostis* gibt es noch einige Wildarten, die jedoch für den Garten nicht von Bedeutung sind.

Foto: *Calamagrostis brachytricha*

Chinaschilf

Miscanthus sinensis

Die Indianer der Prärien kannten es nicht, doch hierzulande avancierte das Chinaschilf zu dem Ziergras im Garten schlechthin, und daher darf es an dieser Stelle nicht fehlen. Unzählige Gartensorten sind davon auf dem Markt – riesige und handliche, Blütenschönheiten und reine Blattschmuckformen – für jeden Zweck die richtige. So wirkt es auch im Präriegarten garantiert nie als Fremdkörper, sondern passt mit seiner Struktur und Silhouette harmonisch ins Bild. Für Gräsergärten mit anderen Themen ist es sogar unersetzlich, etwa am Teich oder Bachufer, als Sichtschutz am Sitzplatz oder im Hintergrund von Rabatten, denn mit seiner Größe überragt es alle Begleiter. Vor allem mit Herbstschönheiten wie Astern, Wasserdost oder Kandelaber-Ehrenpreis gestaltet es imposante Kulissen.

Zuwanderer aus Fernost

Zu Hause ist das Chinaschilf in Ostasien: Japan, Taiwan, China und Korea. Dort trifft man es vorwiegend an feuchten Berghängen an. In unseren Gärten wachsen zwar ausschließlich Gartenformen, doch von ihren Vorfahren haben sie ihre Standortvorlieben übernommen. Alle schätzen frischen bis feuchten, nährstoffreichen und humosen Boden, der gerne lehmig sein darf. Auch eine sonnige Lage sollte gewährleistet sein. Dann schießen die schilfähnlichen Blätter, die erst spät im Jahr austreiben, auf 110 bis 250 cm Höhe auf – je nach Sorte – und hängen oben oft malerisch über. Sie bilden kompakte Horste, die im Laufe der Zeit 90 bis 150 cm breit werden können. Im Herbst bezaubern sie häufig mit gelbem oder orangerotem Kolorit.

Es gibt Sorten, die in unseren Breiten nicht oder nur selten in warmen Sommern zur Blüte kommen. Andere lassen ab August wahre Fontänen aus zahlreichen spektakulären, federartigen Blütenrispen aufschießen, die beige, silbrig, rosa oder rotbraun eingefärbt sein können. Sie bleiben den ganzen Winter über attraktiv. Frühblühende Sorten können sich auch selbst versamen. Allerdings gehen die Keimlinge nicht sortenecht auf und sollten daher entfernt werden, ehe sie die echte Sorte überwuchern.

Sorten

Was auswählen aus der Fülle des Angebots? Blattschmucksorten wie 'Strictus' oder 'Zebrinus' zieren ihre grasgrünen Blätter mit gelben Querstreifen, 'Goldfeder' mit Längsstreifen. Alle drei werden 160 bis 200 cm hoch. 'Silberfeder' brilliert mit auffälligen silbrig glänzenden Blütenrispen und gelber Herbstfärbung (Höhe 210 cm). 'Malepartus' entwickelt relativ breite Blätter und rotbraune Rispen, dabei wird es bis 190 cm hoch. Im Herbst leuchtet das Laub orangerot, ebenso das von 'Ferner Osten' (siehe großes **Foto**). Diese Sorte wird nur rund 150 cm hoch, ähnlich wie 'Rotfuchs' (siehe kleines **Foto**), die sich mit rötlich braunen Rispen schmückt. 'Kleine Silberspinne' ist sehr schmalblättrig und blüht früh und reichlich mit silbrig rosaroten Rispen. Dabei bleibt sie mit 140 cm relativ kompakt.

Verwandte

Das Riesen-Chinaschilf *(M. × giganteus)* erreicht 300 bis 400 cm Höhe – ein wahrer Gigant im Garten. Es handelt sich um eine triploide Kreuzung aus zwei Wildformen. Sie trägt dunkelgrünes, 2,5 cm breites Laub, das wasserfallartig überhängt, und treibt hellrosa Blütenrispen, die später silbrig aufhellen. Mit 'Jubilar' steht auch eine Variante mit gelb-grün gestreiften Blättern zur Verfügung.

Rutenhirse

Panicum virgatum

Sie gehört zu den ganz typischen, prägenden Gräsern der nordamerikanischen Hochgrasprärien und kommt vom südöstlichen Kanada bis hinunter nach New Mexico vor. Als echtes Präriegras treibt die Rutenhirse im Frühjahr spät aus. Dann bildet sie mit ihren schmalen, schilfähnlichen Blättern aufrechte Horste von 100 bis 150 cm Höhe, die mitunter bogig überhängen und 40 bis 100 cm breit werden. Je nach Sorte können die Blätter tiefgrün oder bläulich sein. Ab Ende Juli bis September erscheinen die Blütenhalme, die die Horste auf 120 cm, bei einigen Sorten sogar bis zu 240 cm Höhe »verlängern«. An ihrem Ende stehen einzeln bis zu 30 cm lange Rispen, die sich breit aufspreizen und dadurch ungeheuer luftig und transparent wirken. Oft nehmen sie eine rosa bis rötliche Färbung an. Wie ein getönter Schleier schweben sie im Spätsommer über den Horsten.

Temperamentvolle Herbstfärber

Was Rutenhirsen so wertvoll für den Ziergarten macht, sind ihre spektakulären Herbstfarben. Die schmalen Blätter nehmen bei manchen Varietäten goldgelbe, bei anderen orangerote oder burgunderfarbige Töne an. So verleihen sie dem Saisonausklang einen temperamentvollen Anstrich.

Dieses zauberhafte Kolorit und die Tatsache, dass Rutenhirsen ausgesprochen anpassungsfähig an den Standort sind, trugen vermutlich zu ihrer Beliebtheit bei. Sie gedeihen auf nahezu allen Böden, ob sandig oder tonig, tolerieren vorübergehende Trockenheit ebenso wie Nässe und gelegentliche Überflutungen. Allerdings brauchen sie volle Sonne und ein gutes Nährstoffangebot. Sind diese Ansprüche erfüllt, erweisen sich Rutenhirsen als sehr langlebig und pflegeleicht. Ein Rückschnitt im Frühjahr ist alles, was an regelmäßigen Maßnahmen anfällt.

Im Präriegarten können Rutenhirsen als Gerüstbildner eingesetzt werden, sie fügen sich aber auch prima in die Prachtstaudenrabatte. Kein Wunder, dass das Multitalent heftig züchterisch bearbeitet wird. So existieren inzwischen rund 20 Sorten dieser Grasart in unterschiedlichen Größen und Blattfarben.

Sorten

Intensive orange- und kupferfarbene sowie weinrote Herbstfarben entwickeln die Sorten 'Rehbraun' (siehe **Foto**, 120 cm), 'Rotstrahlbusch' (110 cm), 'Shenandoah' (120 cm) sowie die niedrigere 'Hänse Herms' (70–90 cm) und die stattliche 'Warrior' (150–180 cm). Die Riesin 'Cloud Nine' brilliert mit metallisch blaugrau bereiftem Laub, das sich im Herbst goldgelb färbt und von duftigen Blütenwolken überragt wird (180 cm, mit Blüte 240 cm). Ebenfalls blaugrüne Blätter zeigen 'Heavy Metal' (100–150 cm) und 'Northwind' (150–180 cm), beide sehr standfest, sowie die breitblättrigen, violett blühenden 'Dallas Blues' (150–180 cm) und 'Prairie Sky' (130–150 cm).

Orientalisches Lampenputzergras

Pennisetum orientale

Der Gattungsname *Pennisetum* setzt sich zusammen aus den lateinischen Bezeichnungen *penna* (die Feder) und *seta* (die Borste). Häufig trifft man deshalb auch auf den deutschen Namen »Federborstengras«. Er bezieht sich auf die flaschenbürsten- oder fuchsschwanz-ähnlichen Blütenstände dieser Gräser. Über 80 *Pennisetum*-Arten gibt es und darüber hinaus zahlreiche Gartensorten.

Für Kurzgras-Präriepflanzungen, Steppengärten und Steinanlagen ist das Orientalische Lampenputzergras *(P. orientale)* prädestiniert. Es stammt, wie der Name schon sagt, eigentlich aus Zentralasien und Nordwest-Indien, passt aber von seinen Standortansprüchen her hervorragend in sonnig warme, gelegentlich trockene Gartengestaltungen. Unbedingt braucht es durchlässigen Boden, vor allem im Winter, sonst ist es in rauen Lagen nicht ausreichend winterhart. Halbschatten toleriert es dagegen weitgehend.

Auffallende Blütenwalzen

Wie die meisten Präriegräser treibt es ebenfalls erst spät aus und entwickelt dann lockere Horste von etwa 35 bis 50 cm Höhe, die keine Ausläufer treiben, sondern schön kompakt bleiben. Die schmalen, grazilen, graugrünen Halme fallen bogenförmig und weich über und formen eine malerische Silhouette. Sie bleiben allerdings ohne Herbstfärbung.

Den größten Schmuckwert haben die dicken, walzenförmigen Blütenstände, die die Horste überragen und bis zu 75 cm Höhe erreichen. Sie erscheinen meist ab Ende Juni und halten bis zum ersten Frost durch. Mit ihren zunächst rosa getönten, später elfenbeinfarben bis silbrig schimmernden Farbtönen changieren sie im Perlmuttspektrum und setzen zauberhaft pastellfarbige Highlights in den Garten. Sie harmonieren prima mit Schafgarben oder Salbei-Arten.

Wenn die Horste nach einigen Jahren von innen her verbräunen und verfilzen, sollte man sie ausgraben und den Ballen teilen. Der beste Zeitpunkt dafür ist das Frühjahr.

Sorten

'Tall Tails' (siehe **Foto** oben) wird mit Höhen von 80–150 cm deutlich höher als die Art. Sie schmückt sich mit extrem langen (30–40 cm) Blütenähren, die ihr den Namen gaben und die sich in der leisesten Windbrise bewegen. 'Karley Rose' blüht rosa und wird dann bis zu 120 cm hoch.

Verwandte

In deutschen Gärten ist *P. alopecuroides* am meisten verbreitet. Es ist winterhärter als *P. orientale*, schätzt aber etwas frischere, nährstoffreichere Böden. Seine fast halbkugeligen Horste nehmen eine goldgelbe Herbstfärbung an. Sie werden 60 cm hoch, mit Blütenständen erreichen sie bis zu 90 cm. Sie strahlen cremeweiß, mitunter leicht purpurn und erscheinen von Juli bis September, bleiben aber bis in den Winter hinein attraktiv. Von dieser Art gibt es zahlreiche Sorten.

Die Variante *P. alopecuroides* var. *viridescens* (siehe **Foto** unten) entwickelt die dunkelsten Blütenwalzen. Tiefbraun und bis zu 100 cm hoch machen sie aus dem Horst ab August eine imposante Erscheinung. Die Blätter hängen malerisch über und sind etwas breiter als bei der reinen Art.

Kleines Präriegras, Kleiner Blauhalm, Prärie-Bartgras

Schizachyrium scoparium

Eine echte Nordamerkanerin und eines der Charaktergräser der Hochgrasprärien. Es wurde früher der Gattung *Andropogon* zugerechnet, unterscheidet sich von diesen Arten aber durch nur eine einzige, unverzweigte Blütentraube pro Stiel.

Als typisches Präriegras treibt es spät aus, mit zunächst hellgrünen Blättern. Später im Jahr nehmen diese – je nach Sorte –, blaugraue, dunkelgrüne oder bronzegrüne Färbung an, um im Herbst mit spektakulärem Kupferorange oder Rotviolett aufzutrumpfen. Im Winter schließlich hellen sie wieder auf zu Strohgelb oder Orangerot. Ein echter Harlekin also, der die Szene nie langweilig werden lässt, sondern immer wieder neu bespielt.

Von Kanada bis Florida und Mexiko

Das Kleine Präriegras ist auf dem ganzen nordamerikanischen Kontinent verbreitet – ein Hinweis auf seine große Standorttoleranz. Denn: Es gedeiht auf sauren wie alkalischen Böden, auf frischen wie auf trockenen. Am schönsten wird es jedoch auf eher trockenem Untergrund in sonnigen Lagen, dann wächst es straff aufrecht. Je schattiger, feuchter und nährstoffreicher der Standort, desto weicher die Halme und desto mehr fallen die Horste auseinander. Sie werden 40 bis 60 cm hoch und etwa ebenso breit. Mit Blütenständen erreichen sie bis zu 120 cm Höhe.

Die kleinen, schmalen Trauben erscheinen ab Ende Juli an den Spitzen der Halme und fallen mit ihrer grünlich-weißen Farbe zunächst kaum auf. Erst wenn sie sich im Laufe der Reife öffnen, schimmern sie silbrig-hell und verleihen den Horsten seidigen Glanz. Inzwischen ist von diesem charmanten Präriegras eine ganze Reihe von Sorten im Handel.

Sorten

'The Blues' (siehe **Foto**) wirkt im Sommer mit seinen stark blaugrau bereiften Halmen sehr ätherisch. Im Winter nimmt die Sorte temperamentvolle orangerote Farbe an. Die Horste wachsen aufrecht und werden etwa 100 cm hoch. Mit den gleichen Eigenschaften überzeugt 'Cairo'. Intensiv rote Herbst- und Wintertönung entwickelt 'The Blaze'.

Goldbartgras, Indianergras

Sorghastrum nutans

Neben der Rutenhirse, dem Kleinen Präriegras und dem Großen Blauhalm (siehe Seite 72) die am häufigsten vorkommende Grasart der Hochgrasprärien Nordamerikas – daher wohl die Bezeichnung »Indianergras«. Als botanischer Name war früher *Chrysopogon nutans* gebräuchlich. Den deutschen Namen »Goldbartgras« verdankt es vermutlich der Tatsache, dass die kupferfarbenen Blüten, die sich erst im September öffnen, anfangs leuchtend quittengelbe Staubbeutel heraushängen lassen. Die Rispen sind zunächst duftig und locker geöffnet, im Laufe der Samenreife werden sie schmaler und schließen sich wieder. Ihre Farbe wechselt zu rötlich Braun. Sind die Samen erst abgefallen – dies ist meist ab November der Fall –, nehmen die stehen gebliebenen Grannen und Haare durchsichtigen beige-braunen Glanz an. So bleiben sie den ganzen Winter über stehen. Im Herbst verfärben sich auch die Blütenhalme, bei grünlaubigen Formen laufen sie blutrot an, bei graublaulaubigen werden sie gelb.

Egal ob stumpf- oder blaugrün, die Blätter werden etwa 1,2 cm breit, wachsen sehr aufrecht und bilden horstartige Schöpfe von etwa 80 cm Höhe. Mit den weit darüber hinaus ragenden Blütenhalmen erreicht das Gras 170 cm. Über Rhizome kann sich die Pflanze langsam ausbreiten.

Standfestes Gras für viele Zwecke

Geben Sie dem Goldbartgras einen sonnigen, warmen Platz im Garten. Es kommt mit allen normalen Gartenböden zurecht, von frisch bis mäßig trocken, Hauptsache, durchlässig, sodass es im Winter keiner Staunässe ausgesetzt ist. Dann beweist es während der ganzen kalten Jahreszeit große Standfestigkeit und gute Frosthärte.

In seiner Heimat Nordamerika war es nicht nur in den Prärien anzutreffen, sondern besiedelte auch Trockenhänge, Savannen und sogar lichte Wälder. Entsprechend vielseitig lässt es sich auch im Garten verwenden. Es harmoniert gut mit Purpursonnenhut, Indianernesseln und Astern.

Sorten
'Indian Steel' bringt mit stahlblauen Blättern frische Atmosphäre in die Pflanzung. Noch intensiver blau zeigt sich 'Sioux Blue', im Herbst verfärbt sich diese Sorte zu Gelb und läuft später violett an.

Foto: *Sorghastrum nutans*

Tautropfengras, Fallsamengras

Sporobolus heterolepis

Welch grazile, vornehme Erscheinung! Das Tautropfengras gehört zu den edelsten Präriegräsern, die es gibt. Fadendünne, nur 2 mm schmale Blätter, die elegant überhängen, bilden 30 bis 40 cm hohe, kompakte Horste. Im Herbst leuchten sie intensiv orange, im Winter hell kupferfarben. Zur Blütezeit im August und September werden sie um das Doppelte überragt von hauchdünnen Blütenstängeln, die an ihrem Ende fragile, hochtransparente Rispen tragen. Wenn sich darin Tropfen verfangen, funkeln und glitzern sie im Gegenlicht wie Edelsteine und machen dem deutschen Namen des Grases alle Ehre.

Die zierlichen Blütenstände überraschen zudem mit einer weiteren, im Reich der Gräser ansonsten völlig unbekannten Eigenschaft: Sie duften! An warmen sonnigen Tagen geht von ihnen ein an Koriander erinnerndes Aroma aus.

Oberirdisch grazil – unterirdisch kräftig

So feingliedrig die Pflanze auch aussieht, unter der Erdoberfläche beweist sie ungeheure Kraft und Stärke. Das Tautropfengras gehört zu den Tiefwurzlern. Es gedeiht zwar auf allen Böden, schätzt dabei durchaus nährstoffreiche, feuchte Erde, übersteht aber mit den tief reichenden Wurzeln auch Trockenperioden, die anderen Pflanzen zu schaffen machen. Der ideale Platz ist sonnig und warm, Halbschatten wird aber auch vertragen.

Das Gras stammt aus den Hoch- und Mischgrasprärien Nordamerikas. Es wächst nur langsam und erreicht sein endgültiges Format erst nach einigen Jahren. Dafür wird es dann Jahrzehnte alt, ohne von innen her zu verkahlen und verjüngt werden zu müssen wie viele andere Gräser. Es überzeugt nicht nur in Präriepflanzungen, sondern bereichert auch naturnahe, wiesenartige Gartenbereiche und kommt sogar als flächiger Bodendecker in Betracht.

Sorten

'Cloud' (siehe **Foto**) schmückt sich mit dunklen, rötlichen Blütenstängeln und blüht etwas früher als die Art. Auch 'Wisconsin Strain' hat farbige Blütenstängel und entwickelt darüber hinaus etwas aufrechtere Blütenstände als die Grundform. 'Weinheim', eine Auslese aus dem Hermannshof in Weinheim, wächst etwas höher als die anderen Formen.

Mexikanisches Federgras, Engelshaar

Stipa tenuissima (Syn.: *Nasella tenuissima)*

Mit seinen seidig schimmernden, weich fließenden Schöpfen, die auf jeden Windhauch reagieren, ist das Mexikanische Federgras derzeit die Trendpflanze der Gartendesigner. Keine Gartenschau kommt ohne diesen flauschigen Star aus. Dabei ist die kurzlebige Staude hierzulande außerhalb von Weinbaugebieten selten ausreichend winterhart und gedeiht meist nur einjährig. Da sie sich am passenden Standort aber reichlich selbst aussät, erhält sie sich in der Regel von alleine.

Obwohl die Art in den Prärien des nordamerikanischen Südwestens zu Hause ist, gehört sie zu den »Cool season«-Gräsern, das heißt, sie treibt schon früh aus und blüht bereits ab Juni. Hellgrün sprießen die haarfeinen Blätter in kompakten Büscheln in die Höhe und gehen scheinbar nahtlos in die fedrig-filzigen Blütenstände über. Rund 40 bis 60 cm Höhe erreichen die Schöpfe. Da sie auf jeden Luftzug reagieren, wirken sie oft wie Fontänen, die in silbriger Gischt enden. Für dieses Erscheinungsbild sind die bis zu 8 cm langen, seidig-hell glänzenden Grannen verantwortlich. Sie verfärben sich im Spätsommer strohgelb und bleiben den Winter über attraktiv.

Ätherische Erscheinung für steiniges Ambiente

Ihre haarfeine Textur und ihr ätherisches Flair setzen spannungsreiche weiche Akzente in Steingärten und Kiesbeete. Dieses unwirtliche Umfeld bietet die idealen Standortbedingungen für das »Engelshaar«, wie dieses Federgras auch genannt wird. Trocken, nährstoffarm, kalkhaltig sollte der Untergrund sein, steinig oder sandig – auf jeden Fall sehr wasserdurchlässig. Auf Staunässe reagiert diese Art sehr empfindlich. Volle Sonne tut ihr gut, Halbschatten wird mitunter auch noch ertragen. Steppengärten oder Kurzgras-Präriepflanzungen ziert dieses Gras ebenso wie sonnige Rabatten, die es mit Edeldisteln, Schwertlilien oder Lavendel teilt. Selbst in flächiger formaler Anordnung macht es eine gute Figur.

Verwandte

Sowohl das Flausch-Federgras oder Mädchenhaargras *(S. pennata)* als auch das Büschel-Haargras *(S. capillata)* sind für den Laien oft schwer vom Mexikanischen Federgras zu unterscheiden. Auch sie entwickeln ein ähnliches Erscheinungsbild und haben die gleichen Standortansprüche. Ebenso das Pracht-Federgras *(S. pulcherrima)*, das jedoch mit 100 cm etwas höher wird und noch längere, schweifartige Blütenstände bildet. Alle drei sind in Europa, Nordafrika und Teilen Asiens beheimatet, lassen sich im Garten jedoch ähnlich wie das Mexikanische Federgras verwenden.

Das Riesen-Federgras *(S. gigantea)* ist der stattlichste Vertreter der Gattung. Es bildet ca. 50 cm hohe, fein texturierte Blatthorste und lässt bis zu 200 cm riesige Blütenstängel strahlenförmig darüber aufschießen.

Das Silber-Ährengras *(S. calamagrostis)* fällt durch besonders buschige, silbrig-beige Rispen auf. Es wird 50 cm hoch, mit Blütenhalmen über 100 cm.

Foto: *Stipa tenuissima*

Weitere schöne Gräser für den Präriegarten

Deutscher Name *Botanischer Name*	Höhe Laub (cm)/ mit Blütenstand	Blüte	Standort	Bemerkungen
Großer Blauhalm *Andropogon gerardii*	150/200	rotbraune Ähren, Aug.–Okt.	sonnig, Boden trocken bis feucht	amerikanisches Präriegras, kupferrote Herbstfärbung
Büffelgras *Buchloe dactyloides*	10/20	unscheinbar, Juli–Aug.	sonnig, alle Böden, trocken-frisch	aus Nordamerika, treibt Ausläufer, trittfester Rasenersatz
Mittleres Zittergras *Briza media*	20/70	herzförmige Ähren, Mai–Juli	sonnig–halbschattig, für alle Böden	aus Europa und Asien, schön im Steingarten
Fuchsrote Segge *Carex buchananii*	30/50	unscheinbar, Juli	sonnig, warm, Boden durchlässig	aus Neuseeland, haarfeines bronzefarbenes Laub
Palmwedel-Segge *Carex muskingumensis*	60/80	bräunlich, Juni–Juli	halbschattig, nährstoff- reich, frisch-feucht	aus Nordamerika, treibt Ausläufer, palmwedelartige Blattanordnung
Rasen-Schmiele *Deschampsia cespitosa* 2	40/100	duftige, feine Rispen, Juni–Sept.	sonnig–halbschattig, frisch-feucht	zu Hause auf der Nordhalbkugel, dünne Blätter, treibt früh aus
Magellan-Blaugras *Elymus magellanicus*	30/50	unscheinbar, Juni–Juli	sonnig, durchlässig, (mäßig) trocken	aus Patagonien, 7 mm breite, stahlblaue Halme
Atlas-Schwingel *Festuca mairei* 1	60/100	grüngrau, schmal, Juni–Juli	sonnig, durchlässig, trocken	aus Nordafrika, treibt früh aus, halbkugeliger Wuchs
Mähnen-Gerste *Hordeum jubatum*	40/70	lange silbrige Grannen, Juni–Aug.	sonnig, warm, alle Böden	aus Nordamerika, einjährig, gelbe Herbstfärbung, Selbstaussaat
Blaugrünes Schillergras *Koeleria glauca* 5	20/50	grünliche Ähren, Mai–Juli	sonnig, nährstoffarm, sandig, trocken	aus Europa und Nordafrika, blau bereifte Blätter, treibt früh aus
Wimper-Perlgras *Melica ciliata*	30/50	cremefarbene Walzen, Mai–Juli	sonnig, warm, kalkhaltig, trocken	aus Europa, Selbstaussaat
Riesen-Pfeifengras *Molinia arundinacea* 4	60/200	transparente Rispen, Juli-Okt.	halbschattig, frisch-feucht, nährstoffreich	heimisches Gras, knotenlose Stängel, gelbe Herbstfarbe
Moor-Pfeifengras *Molinia caerulea*	30/80	beige-braune Rispen, Juli–Sept.	sonnig–halbschattig, frisch-feucht, humos	heimisches Gras, goldgelbe Herbstfärbung
Herbst-Kopfgras *Sesleria autumnalis*	30/50	cremeweiße Ähren, Aug.–Sept.	sonnig–halbschattig kalkreich, trocken-frisch	aus Europa und Asien hellgrünes Laub, treibt früh aus
Blaues Kopfgras *Sesleria caerulea* 3	15/25	schwarz und gelb April–Mai	sonnig, frisch, durchlässig	aus Europa, halbkugeliger Wuchs, blaugrünes Laub, treibt früh aus
Gold-Leistengras *Spartina pectinata* 'Aureomarginata'	130/160	unscheinbar, Aug.–Okt.	sonnig–halbschattig, feucht–nass, nährstoffreich	aus Nordamerika, treibt Ausläufer, gelb gerandete Blätter, bogig über- hängend

1
2
3
4
5

Wiesen-Schafgarbe

Achillea millefolium

Mit ihren farbenfrohen Blütenschirmchen setzt die Wiesen-Schafgarbe heitere Akzente in Präriepflanzungen. Sie können rosa oder lila schimmern, gelb leuchten, orange oder rot glühen, aber auch reinweiß erstrahlen, immer fällt ihre Farbwirkung überzeugend aus, denn die breiten, leicht gewölbten Trugdolden spannen wie Regenschirme eine große Oberfläche auf. Von Juni bis August öffnen sie sich und kolorieren den Hochsommer.

Sie schaukeln dabei auf 40 bis 80 cm hohen, unverzweigten Stielen, die mit stark, fast farnartig gefiederten graugrünen Blättern besetzt sind. Diese geben bei Berührung einen herb-aromatischen Duft ab. Hohe Sorten sind nicht immer ganz standfest.

Anpassungsfähig und trockenheitsverträglich

Wiesen-Schafgarben stammen nicht aus Amerika, sie sind in Europa, Nord- und Zentralasien beheimatet, wo sie Trockenrasen, Wiesen, Weiden und auch Wegränder besiedeln. Auf jeden Fall Freiflächen, die der vollen Sonne ausgesetzt sind. Mit diesen Standortansprüchen fügen sie sich problemlos in Präriepflanzungen ein und gedeihen auf fast allen Gartenböden. Durchlässig sollte der Untergrund auf jeden Fall sein und nicht zu Vernässung neigen. Vorübergehende Trockenheit wird dagegen gut vertragen.

Häufig ist die Wiesen-Schafgarbe relativ kurzlebig. Gefällt ihr der Standort, breitet sie sich über kurze Ausläufer langsam aus und verbreitert ihren Bestand. Wo dies unerwünscht ist, sticht man sie mit dem Spaten einfach ab. Lässt man sie abblühen, samt sie sich auch aus. Die Sämlinge haben aber oft blassere Farben als die Gartensorten.

Schmeichelhafte Pflanzpartner sind Edelrauten, Spornblumen und Salbei-Arten, die mit ihren silbergrauen Blättern gut ins Bild passen. Aber auch Blaublüher wie Glockenblumen, Blauarauten oder blauviolette Witwenblumen stehen der Wiesen-Schafgarbe gut zu Gesicht.

Sorten

'Lilac Beauty' (siehe **Foto**) blüht lilarosa und wächst kompakt 60 cm hoch. 'Sammetriese' macht seinem Namen Ehre und erreicht 80 cm Höhe, glüht dabei tiefrot. 'Cerise Queen' zeigt ein lebhaftes Kirschrot und wird 70 cm hoch.

Verwandte

Nahe verwandt ist die Gold-Garbe *(A. filipendulina)*. Sie blüht gelb, ist etwas langlebiger als *A. millefolium* und wird mit 60 bis 120 cm etwas höher. Die goldgelbe 'Coronation Gold' gehört mit 60 bis 80 cm zu den kompakteren Sorten, 'Parker' dagegen mit 100 bis 140 cm zu den stattlichsten.

Garten-Hybriden

Viele der Gartensorten gingen aus Kreuzungen beider Arten hervor. Die zitronengelbe 'Credo' wird 100 cm hoch. 'Terracotta' entwickelt genau den orangebraunen Farbton, den der Name verheißt, und wird 70 cm hoch. 'Lachsschönheit' öffnet lachsrosa, hellt dann auf und wird im Abbühen cremeweiß. 'Feuerland' zeigt temperamentvolles Rot und changiert im Verblühen von lachsrosa bis braun. 'Heinrich Vogeler' (80 cm) blüht reinweiß.

Duftnessel

Agastache rugosa

Auch die Bezeichnung »Koreanische Minze« ist für diese Staude gebräuchlich. Sie geht auf die nesselartigen, aromatischen Blätter zurück, die essbar sind und einen hervorragenden, duftenden Tee ergeben. Sie bildet aufrechte, standfeste, buschige Horste von 70 bis 110 cm Höhe, die sich jedoch nicht so ausbreiten wie bei der heimischen Minze.

In der Regel sind Duftnesseln bei uns ausreichend winterhart. In sehr rauen Lagen tut ihnen eine Abdeckung aus trockenem Laub und Reisig gut, die sie vor Winternässe und allzu frostigen Temperaturen schützt. Besonders gut entwickeln sie sich auch vor schützenden Wänden oder nach Süden geneigten Böschungen, die gute Sonneneinstrahlung und viel Wärme bieten. Der Boden darf ruhig nährstoffreich sein, aber auch gut wasserdurchlässig. Am besten sind sandig-lehmige oder kiesig-lehmige Erden. Darin können die Pflanzen unverpflanzt viele Jahre alt werden.

Schmucke Blütenkolben – auch im Winter

In Präriepflanzungen ergeben Duftnesseln mit ihrem dichten Wuchs und dem üppigen Laub attraktive Füllpflanzen. Sie wirken am besten in Gruppen gepflanzt. Zauberhafte Akzente setzen ihre schlanken, aufrechten, meist lilablauen Blütenkolben, die auch noch mit langer Blütezeit aufwarten. Von Juli bis September gehen die Scheinähren auf und locken in dieser Zeit Bienen und Schmetterlinge wie Magnete an. Sie bleiben aber auch nach dem Abblühen noch den ganzen Herbst und Winter über sehr dekorativ.

Es gibt mehrere Gartensorten (»Garten-Hybriden«), die aus der Kreuzung von *Agastache rugosa* mit dem nahe verwandten, aus Amerika stammenden Anis-Ysop *(A. foeniculum)* hervorgegangen sind; mitunter werden sie auch der letzteren Art zugeordnet.

Sorten

'Alabaster', auch als *A. foeniculum* 'Album' im Handel, blüht reinweiß. 'Golden Jubilee' schmückt sich mit goldgelbem Laub und lila Blüten, sie wächst sehr kompakt und wird 50 bis 70 cm hoch. Ihr Aroma hat eine feine Fenchelnote.

Verwandte

Der Anis-Ysop *(A. foeniculum)* bleibt mit 60 bis 90 cm etwas kleiner als *A. rugosa*. Sein süßliches Aroma erinnert an Anis und Lakritze, selbst die Blüten sind essbar. Er vermehrt sich durch Selbstaussaat. Diese Art ist an vielen Kreuzungen beteiligt.

A. mexicana entfaltet magentarote Blüten und ist nur in Weinbaugebieten winterhart genug. Die Sorte 'Toronjil Morado' ist besonders farbintensiv und frei von Anisaroma. Sie schmeckt zitronig.

Garten-Hybriden

Eine der ausdrucksstärksten Formen ist *A.* 'Black Adder', auch als Dunkle Blaunessel bezeichnet. Sie wird bis zu 130 cm und höher. Ihre Blütenkolben sind besonders dunkelviolett, fast schwarz gefärbt. 'Blue Fortune' (siehe **Foto**) bleibt mit 60 bis 90 cm kleiner und trägt hellere, blau-violette Blüten. 'Apricot Sunrise' (apricot-orange) und 'Firebird' (feuerrot) entwickeln keine kompakten Blütenkolben, sondern lockere Schöpfe aus langen, großen Einzelblüten.

Astern

Aster-Arten

Wo beginnen bei dieser Riesen-Gattung? Mehr als 600 Arten gehören dazu und zu den meisten wiederum eine Fülle von Sorten. Neben einigen frühlings- und sommerblühenden Formen sind vor allem die Herbstastern die Stars der Familie. Ihre Urformen stammen aus dem östlichen Nordamerika und aus den Prärien im Zentrum des Kontinents. Aus diesem Landschaftsbild sind sie als herbstliche Farbträger nicht wegzudenken.

Aster novae-angliae (= Aster aus Neu-England) heißt denn auch die populärste Gruppe. Ihre Sorten werden 60 bis 160 cm hoch und tragen an den Stängeln zahlreiche leicht behaarte Blätter, die sich rau anfühlen und für den deutschen Namen »Raublatt-Aster« verantwortlich sind. Ab September bis zum Frost öffnen sie relativ große Blütensterne in Lavendelblau, Violett, Rosa, Purpur, Karminrot oder Weiß mit gelber Mitte. Die Einzelblüten stehen dicht an dicht, sodass kompakte Kuppeln als nahezu geschlossene Farbflächen entstehen, die der Staude ungeheure Fernwirkung verleihen. Kein Wunder, dass Raublatt-Astern zu den Klassikern im Staudenbeet zählen. Einzeln zwischen Gräser eingestreut, versprühen sie aber auch ihren ursprünglichen Präriecharme. Die sehr ähnlichen Glattblatt-Astern *(A. novi-belgii)* sind dagegen nicht immer ganz standfest und auch etwas anfälliger für Pilzkrankheiten und deswegen für pflegearme Pflanzungen nicht die erste Wahl.

Herbstliche Blütenwolken in allen Farben

Will man naturnahe, wildhafte Atmosphäre erzielen, empfehlen sich viel mehr die weniger verbreiteten kleinblütigen Myrten-Astern *(A. ericoides)*. Auch sie sind echte Präriekinder. Unzählige, winzige Einzelblütchen erscheinen an reich verzweigten Rispen und bilden wahre Blütenwolken oder -schleier. Dieser Eindruck wird noch durch die durchweg hellen, zarten Pastellfarben unterstrichen. Weiß, rosé oder zartlila gehen die kleinen Sternchen auf. Auch die Blätter fallen kleiner und schmaler aus, sie muten fast nadelartig an. In Bodennähe vergilben sie im Laufe der Saison. Im Präriegarten wird die Pflanzenbasis jedoch ohnehin von Gräsern kaschiert.

Sorten

Gut standfeste, gesunde *A. novae-angliae*-Sorten sind z. B. 'Barr's Pink' (rosa, 130 bis 160 cm hoch), 'Herbstschnee' (weiß, 120 bis 140 cm), 'Purple Dome' (dunkel purpurviolett, 60 bis 80 cm) und 'Rubinschatz' (purpur, 140 bis 150 cm, siehe **Foto** oben rechts). Von *A. ericoides* haben sich besonders bewährt: 'Blue Star' (zart lila-blau, 60 bis 90 cm, siehe **Foto** oben links), 'Pink Cloud' (hellrosa, 80 bis 100 cm hoch, sehr standfest und gesund), 'Schneetanne' (weiß, 120 cm, standfest, straff aufrecht).

Verwandte

Weitere interessante Astern für den Präriegarten sind: *A. × amethystinus* 'Freiburg' mit kleinen, lavendelblauen Blüten (100 bis 150 cm hoch). 'Kylie' blüht hell violettrosa und gilt als mehltaufrei (130 cm hoch). Von *A. cordifolius*, der Schleier-Aster, gibt es mehrere Sorten in Weiß, Hellblau oder Rosa. Sie wachsen buschig und 80 bis 150 cm hoch. Die zartrosa 'Photograph' passt prima in naturnahe Gärten. Die Riesenschirm-Aster *(A. glehnii)* 'Agleni' erreicht stattliche 150 bis 170 cm Höhe und blüht weiß. *A. laevis* blüht himmelblau und wird 120 cm. *A. tataricus* stammt aus Ostasien, wird mannshoch und blüht noch im November. Die Zwerg-Sorte 'Jindai' (siehe **Foto** unten links) erreicht nur etwa 100 cm Höhe.

Indigolupine

Baptisia australis

Sie wurde bereits von den Indianern in ihrer amerikanischen Heimat als Färbepflanze für Kleidungsstücke verwendet, denn der Pflanzensaft ihrer Blätter färbt sich an der Luft blaugrau. Im Deutschen heißt sie deshalb mitunter auch »Blaue Färberhülse« oder »Falscher Indigo«. Die Bezeichnung »Indigolupine« beschreibt die Blütenform aber perfekt, denn blauviolette Schmetterlingsblüten (im Foto ist die weiß blühende Verwandte, *B. lactea,* zu sehen) reihen sich zu traubigen Ähren von bis zu 40 cm Länge auf und erinnern tatsächlich an Lupinen. Von Ende Juni bis August darf man sie genießen. Aus den Blüten entwickeln sich im Herbst aufgeblasene schwärzliche Hülsenfrüchte von 2,5 bis 7,5 cm Länge. Sie bleiben den ganzen Winter über als Schmuck erhalten.

Schon das Laub allein stellt jedoch einen attraktiven Pflanzenschmuck dar. Frischgrün und dreiteilig gefiedert, verleiht es der buschigen Staude Fülle. Mit ihren stabilen, aufrechten, blaugrünen Stängeln erreicht sie 80 bis 150 cm Höhe und bildet lockere Horste.

Tiefblauer Schmetterlingsblütler und Stickstoffsammler

Als Tiefwurzler bevorzugt die Indigolupine durchlässige, tiefgründige Böden und sonnige warme Lagen. An ihren natürlichen Standorten herrschen eher feuchte Bedingungen, dennoch toleriert sie im Garten auch trockenere Umgebung; sie erweist sich somit als recht anpassungsfähig. Unterirdisch bildet sie tief reichende Wurzeln und dicke Rhizome. Wie bei allen Schmetterlingsblütlern sind sie mit speziellen Knöllchenbakterien besetzt, die die Pflanzen in die Lage versetzen, den wichtigen Nährstoff Stickstoff direkt aus der Luft aufzunehmen und im Boden pflanzenverfügbar zu machen.

Wo es der Staude gefällt, versamt sie sich auch von alleine. Die Sämlinge brauchen jedoch einige Jahre bis zur Blüte; generell entwickelt sich die Indigolupine anfangs eher langsam.

Garten-Hybriden

'Purple Smoke' (60 bis 90 cm) zieren violette Blüten und purpurschwarze Stängel. 'Starlite Prairieblues' (90 cm) blüht hell lavendelblau, während 'Twilite Prairieblues' (90 bis 150 cm) tief dunkelviolette Blüten mit gelber Unterseite trägt.

Verwandte

B. alba öffnet reinweiße Blüten über häufig violett gesprenkeltem Laub, sie wird 120 cm hoch. Auch *B. lactea* (siehe **Foto**) blüht weiß und erreicht 60 bis 120 cm Höhe. *B. tinctoria* lässt hellgelbe Blütentrauben erstrahlen und ragt rund 100 cm auf.

Medizinische Verwendung

Cherokee-Indianer stellten aus den Wurzeln der Indigolupine eine Arznei zur Wundheilung und gegen Durchfall her. Noch heute wird die Pflanze in der Medizin zur Abwehrsteigerung eingesetzt.

Mädchenauge

Coreopsis verticillata

Die heitere, unkomplizierte Staude mit ihren sonnigen Blütensternen ist eine echte Nordamerikanerin. Die goldgelben Körbchenblüten mit dunklerer Mitte erscheinen in üppiger Zahl von Juli bis September und verbreiten pure Lebensfreude. Die Pflanzen wachsen mit vielen Trieben straff aufrecht in die Höhe und verbreitern sich im Lauf der Zeit über kurze Ausläufer, ohne jedoch zu wuchern. Als dichte Büsche werden sie 30 bis 70 cm hoch und schmücken sich mit feinen, fiedrigen, fast nadelartigen Blättchen. Diese sind in Quirlen um die Stängel angeordnet, was zum deutschen Namen »Quirlblättriges Mädchenauge« führte.

Sonnige Hochsommerstaude

Duftig, buschig und blütenreich zugleich ergeben Mädchenaugen wunderbare Füllpflanzen in größeren Pflanzengesellschaften. Mit ihrer typischen Indian-Summer-Färbung setzen sie aber auch warmtonige Akzente und machen den Hochsommer so richtig lebendig. Sie ergänzen sich harmonisch mit Sonnenbraut, Sonnenauge und Kokardenblumen sowie mit herbstfärbenden Rutenhirsen.

Der ideale Standort ist sonnig, der Boden jedoch frisch, am besten lehmig-humos und gut mit Nährstoffen versorgt. Pflegemaßnahmen sind nicht erforderlich.

Auch unter den nahe verwandten anderen Mädchenaugen eignen sich fast alle Arten hervorragend für Präriepflanzungen. Alle brillieren mit gelben Körbchenblüten im Hochsommer, sie unterscheiden sich in der Wuchshöhe und einigen weiteren Merkmalen.

Sorten

'Grandiflora' (40 bis 60 cm hoch, siehe **Foto**) ist besonders blühfreudig. 'Moonbeam' leuchtet blasshellgelb (40 cm hoch) und verträgt Trockenheit relativ gut.

Verwandte

C. tripteris ist die stattlichste Art unter den Mädchenaugen und für Hochgraspräriepflanzungen der ultimative Tipp. Sie erreicht 180 cm Höhe auf standfesten schlanken Stängeln und lässt darauf die charmanten Körbchenblüten schaukeln, die eine tiefbraune Mitte zeigen. Abgeblüht besitzen auch die Fruchtstände noch den ganzen Winter über Schmuckwert.

Von *C. grandiflora* gibt es nur Sorten im Handel, die jedoch alle im Präriegarten eine gute Figur machen. 'Schnittgold' etwa wird 90 cm hoch und wirkt auch in der Vase gut.

C. lanceolata bleibt 20 bis 40 cm klein und ist hierzulande oft kurzlebig. 'Sterntaler' hat zweifarbige Blüten: gelb mit orangebraunem Ring um die Mitte.

Mit *C. tinctoria* steht sogar ein einjähriges Mädchenauge zur Verfügung.

Foto: *Coreopsis verticillata*

Purpursonnenhut

Echinacea purpurea

Der Purpursonnenhut ist ein alter Bekannter aus den Prachtstaudenrabatten und aus europäischen Gärten gar nicht mehr wegzudenken. Vermutlich ist daher längst nicht jedem klar, dass diese Staude ein echtes Präriekind ist. Sie stammt aus den weiten baum- und schattenlosen Landschaften und den Baumsavannen Nordamerikas. Mit ihren großen, spektakulär gefärbten Blüten ist sie für jede Präriepflanzung ein wertvolles Highlight.

Die purpurrosafarbenen Margeritenblüten setzen sich aus oft leicht hängenden Zungenblüten und einer kuppelförmig hochgewölbten, orangebraunen Blütenmitte zusammen. Von Juli bis September entfalten sie ihre Pracht und locken in dieser Zeit zahllose Schmetterlinge und Bienen an, die diese Pflanze lieben. Sie wächst horstartig. Über grundständigen Blättern erheben sich straff aufrechte Stängel zu 60 bis 120 cm Höhe, sie tragen raue, lanzettliche Blätter.

Im Herbst fallen die Zungenblüten ab, die Blütenmitte bleibt als dunkelbrauner Fruchtkegel stehen und wirkt den ganzen Winter über als Hingucker. Allerdings versamt sich der Purpursonnenhut dann auch und die Sämlinge der Gartensorten gehen oft in anderen Farben auf als die Mutterpflanzen.

Viele Gartensorten und robuste Wildformen

Sorten gibt es viele, darunter auch weiß blühende. Interessante Züchtungen in neuen Farben entstanden in den letzten Jahren auch durch die Einkreuzung der Wildart *E. paradoxa*. Alle fügen sich stimmig in Präriepflanzungen ein und erweisen sich dort häufig als standfester als im Beet. Wer den pflegeleichten Aspekt solcher Gestaltungen in den Mittelpunkt rückt, siedelt am besten reine Wildarten an.

Der Standort sollte sonnig sein und der Boden durchlässig, sandig-lehmig oder lehmig-humos, in jedem Fall nährstoffreich und normal bis feucht.

Sorten

'Magnus' (siehe **Foto**) ist besonders großblumig, blüht oft bereits Ende Juni und wird 80 cm hoch. 'Alba' öffnet weiße Blüten mit braungrüner Mitte (70 cm hoch). 'Kim's Knee High' bleibt 60 cm klein und blüht spät, dafür bis zum Frost. 'Razzmatazz' verblüfft mit dicht gefüllten Blüten (Höhe 90 cm), 'Rubinstern' (90 bis 100 cm) mit rubinroter Blütenfarbe. 'Green Envy' (70 bis 90 cm) changiert im Verlauf der Blüte von Limonengrün bis Magentarot.

Verwandte

E. pallida hebt sich durch lange, sehr schmale und stark hängende Zungenblüten in Hellrosa bis Lila ab. Sie wird 80 bis 100 cm hoch und ist für pflegeleichte Präriepflanzungen die erste Wahl. *E. paradoxa* (60 bis 80 cm) hat ähnliche Blütenform, blüht aber goldgelb mit dunkelbrauner Mitte. Sie verträgt auch trockenere Böden, ebenso wie die *E. tennesseensis* 'Rocky Top Hybriden', die nach oben gebogene, rosa Blütenblätter zeigen und sich sortenecht versamen.

Garten-Hybriden

E. 'Art's Pride' blüht lachsorange (80 cm), 'Tiki Torch' kürbisfarben (70 bis 80 cm), 'Sunrise' (80 cm) zitronengelb mit grünlich gelber Mitte und 'Kim's Mophead' (60 cm) weiß mit grüner Mitte.

Yuccablättrige Edeldistel, Palmlilien-Mannstreu

Eryngium yuccifolium

Die Blüten erinnern an Kugeldisteln, die Blätter an Yucca-Pflanzen. Damit ist diese Edeldistel in jedem Fall eine auffällige Erscheinung im Garten. Ihre stacheligen, scharfen, schwertähnlichen Blätter sind in großen Rosetten gebündelt. Daraus erheben sich stark verzweigte Blütenstände, auf denen die silbrig bis grünlich-weißen Blütenkugeln balancieren. Sie werden hierzulande meist zwischen 60 und 100 cm, an ihren Heimatstandorten im Südwesten der USA können sie jedoch mühelos 150 bis 180 cm Höhe erreichen.

In Arkansas und angrenzenden Gebieten ist diese Edeldistel häufig anzutreffen, also eher in trockenen Regionen und in voller Sonne, worauf schon ihre graue Farbe hinweist. Sie toleriert längere Trockenperioden, sollte aber auf Dauer nicht zu asketisch gehalten werden. Der Boden darf gerne leicht und kalkhaltig sein. Daher passt die Yuccablättrige Edeldistel nicht nur gut in Präriepflanzungen, sondern fühlt sich auch in Steingärten oder mediterranen Gärten wohl.

Attraktive graue Eminenz rund ums Jahr

Attraktiv bleibt diese Staude eigentlich rund ums Jahr. Ihre Blütenkügelchen erscheinen von Juli bis September und werden von Bienen sehr geschätzt. Gerne verwendet man die graue Eminenz auch in der Floristik für Trockensträuße. Die Blätter sind zumindest wintergrün. Vor allzu viel Winternässe sollte man sie jedoch schützen. Ansonsten ist diese Edeldistel jedoch ausreichend frosthart.

Verwandte
E. agavifolium stammt aus der Pampa Argentiniens und ist bei uns nicht überall ausreichend winterhart. Sie ist winter- bis immergrün und trägt stachelige, scharf gezähnte Blätter, die rosettenförmig angeordnet sind. Ihre Blüten nehmen eher Walzenform an.

Medizinische Verwendung
In Amerika heißt *E. yuccifolium* »Rattlesnake Master«, da die Indianer die Wurzel als Gegenmittel zum Gift der Klapperschlangen verwendet haben.

Foto: *Eryngium yuccifolium*

Gefleckter Wasserdost

Eupatorium maculatum

Er gehört mit zum Stattlichsten, was die Hochgrasprärie zu bieten hat. Je nach Sorte ragen die buschigen Horste des Wasserdosts 130 bis 240 cm hoch auf und überragen damit die meisten Gräser um Längen.

Außergewöhnlich hoch ist auch sein Wasserbedarf, wie der deutsche Name schon andeutet. Die Staude ist nämlich nicht nur in den nordamerikanischen Prärien zu Hause, auch in Auwäldern trifft man sie an, wo der Boden frisch oder sogar feucht bis nass ist. Entsprechend schätzt der Wasserdost auch im Garten gute Wasserversorgung und ein hohes Nährstoffangebot. Dafür gehört er zu den wenigen Präriestauden, die auch noch im Halbschatten gut gedeihen. Mit seiner Statur kann er Chinaschilf auf Augenhöhe begleiten. Gute Figur macht er außerdem am Teichrand, aber auch im Hintergrund von Rabatten.

Imposante Statur und breite rosa Blütenschirme

Zur Blütezeit von Juli bis August spannt der Wasserdost breite, fedrige, rosa Blütenschirme auf, die einen herben Duft verbreiten, der viele Schmetterlinge und Bienen anzieht. Die Bezeichnung »Gefleckter Wasserdost« geht auf die grün und rot gemusterten Stängel zurück, die im Herbst meist gänzlich rot anlaufen. Sie tragen länglich ovale, leicht runzelige Blätter, die in Quirlen etagenförmig am Stängel angeordnet sind und sich im Herbst ebenfalls verfärben, um ein leuchtendes Orangegelb anzunehmen. Damit harmonieren sie perfekt mit dem Farbspiel der Gräser zu dieser Jahreszeit.

Sorten

'Album' (150 bis 200 cm) erstrahlt reinweiß. 'Atropurpureum' entwickelt von August bis Oktober seine 25 bis 40 cm große, purpurrote Blütenkuppeln auf ganzjährig weinroten Stängeln (180 bis 200 cm). Auch 'Riesenschirm' (150 bis 180 cm) brilliert mit enormen weinroten Blütendolden. 'Glutball' (siehe **Foto**) wird 150 bis 160 cm hoch und blüht ebenfalls spät in tiefem Dunkelpurpur. Noch kompakter bleibt 'Augustrubin', mit 130 bis 150 cm passt er auch gut in kleinere Gärten.

Verwandte

E. fistulosum stammt aus dem südöstlichen Nordamerika und liebt es noch feuchter. Die Sorte 'Batered Bride' (150 bis 170 cm) schmückt sich mit festlich weißen Blüten und im Herbst mit goldgelbem Laub.

E. rugosum (auch *Ageratina altissima* genannt) bietet mit 'Chocolate' eine dunkelpurpur- bis braunblättrige Sorte, die ihre 80 bis 100 cm hohen Horste mit weißen Blüten toppt – wie mit einem Sahnehäubchen.

Sonnenbraut

Helenium-Hybriden

Was im Handel an Sonnenbräuten zu kaufen ist, sind vor allem Hybriden, also Kreuzungen, die uns wundervolle Gartensorten bescheren. Die Ausgangsformen dieser Sorten stammen jedoch alle aus den Prärien Nordamerikas, und so fühlen sich auch die Nachkommen in diesem Ambiente wohl. Sonnige, offene Lagen auf nährstoffreichen, frischen bis feuchten Gartenböden bieten genau die richtigen Bedingungen für die Sonnenbraut.

Ihren Namen vedanken sie ihrer Blütenform. Strahlenblüten umgeben wie ein Rad eine dunklere Blütenmitte, die aus fruchtbaren Röhrenblüten besteht. Wie die Sonne scheinen sie von innen heraus zu glühen und nach außen zu strahlen.

In allen Farben des Sonnenuntergangs

Die Blütenfarben unterstützen diesen Eindruck noch. Denn: Sonnenbräute bleiben ganz im energiegeladenen Spektrum: Gelb, orange, kupfer- oder rostfarben bis hin zu feuerrot verheizen sie sich in allen Schattierungen des Sonnenuntergangs und zaubern auch an trüben Tagen Hochsommeratmosphäre in den Garten.

In der Fülle der Sorten gibt es früh-, mittel- und spätblühende Varianten. Die ersten öffnen ihre Körbchenblüten ab Ende Juni, die meisten fallen im Juli in den Reigen ein, während die letzten bis Ende September den Herbst anfeuern. Dicht an dicht stehen die kleinen Sonnenräder dann am Ende der Triebe und lassen kaum noch Blattgrün erkennen. Die ungestielten, lanzettlichen Blätter verschwinden nahezu unter der Blütenkuppel und die aufrechten Horste sehen dann aus wie große Blumensträuße, über denen zahlreiche Bienen summen. Je nach Sorte werden sie 60 bis 180 cm hoch.

Hohe Sorten bilden mit stattlichen Gräsern wie Rutenhirsen, Diamantgras oder Chinaschilf eindrucksvolle Hochgrasprärie-Bilder. Kleinere zaubern zusammen mit Fuchsroter Segge oder Neuseeländer Segge Indian-Summer-Atmosphäre auch in begrenzte Gartenecken.

Sorten

'Baudirektor Linne' blüht ziegelrot und erreicht 130 cm Höhe, 'Rubinzwerg' (rubinrot) wächst dagegen kompakt, nur 80 cm klein. In Zitronengelb erstrahlt 'Kanaria' (110 cm), 'Goldrausch' (140 cm) leuchtet in etwas gedeckterem Ton. Beide sind gut standfest und sehr reichblütig. Warm orange- bis kupferfarben glüht 'Waltraud' (80 cm, siehe **Foto**). 'Rauchtopas' (150 cm) blüht zweifarbig: Die oben gelben Strahlenblüten rollen sich nach oben ein und zeigen ihre rotbraune Unterseite, sodass ein streifiges Muster entsteht.

Verwandte

H. hoopesii ist eine Wildform, die etwas trockenere Böden toleriert und prima in naturnahe Pflanzungen passt. Die feinstrahligen gelben Blüten öffnen bereits im Mai.

H. bigelovii 'The Bishop' (Höhe 60 bis 70 cm) gehört ebenfalls zu den sehr früh blühenden Sonnenbräuten. Die zitronengelben Köpfchen mit großer dunkelbrauner Mitte öffnen sich bereits Mitte Juni.

Sonnenauge

Heliopsis helianthoides

Diese dankbare Hochgraspräriestaude wird Jahrzehnte alt am selben Platz, sofern sie die passenden Standortbedingungen vorfindet. In ihrer nordamerikanischen Heimat besiedelt sie Baumsavannen, grasige Hänge und Prärien. Im Garten schätzt sie nährstoffreiche, frische bis feuchte Böden und einen sonnigen, warmen, nach Möglichkeit etwas windgeschützten Platz.

Auch sie führt die Bezeichnung »Sonne« nicht umsonst im Namen. Gelbe Blütenblätter breiten ihren Kranz um ein gelbes, grünliches, braunes oder rötliches Auge aus und ähneln damit Sonnenblumen und auch manchen Sonnenbräuten. Die Scheiben schaukeln auf stabilen Stängeln 80 bis 160 cm hoch im Wind. Den »Unterbau« bilden dichte, bis zu 70 cm breite Horste, die reich mit großen lanzettlichen und am Rande leicht gesägten Blättern begrünt sind. Sie bringen Volumen und Fülle in jede Pflanzung.

Lange Blüte in verschiedenen Gelbnuancen

Wertvoll für Präriegärten macht sie ihre lange Blütezeit im Hoch- und Spätsommer bis in den Herbst hinein; dann zeigen sich auch die Gräser von ihrer schönsten Seite. Allerdings brauchen Sonnenaugen nach dem Pflanzen meist ein paar Jahre, bis sie zu vollem Blütenreichtum erwachsen, werden dann aber in voller Pracht sehr alt.

Neben einfachen gibt es auch halbgefüllte und gefüllte Sorten. Letztere entwickeln dann fast kugelige Blütenköpfchen, brauchen aber mitunter eine Stütze, um sich aufrecht zu halten. Das Farbspektrum beschränkt sich auf Gelb und changiert je nach Sorte allenfalls von Schwefel- bis Dottergelb. Nach dem Abblühen bleiben die Samenstände noch lange attraktiv. Bei einigen Sorten setzen die sich herbstlich verfärbenden Halme zusätzliche Akzente.

Sorten

'Asahi' zieren dicht gefüllte, pomponähnliche Blütchen in Gelborange, dabei wächst die Sorte kompakt und reich verzweigt etwa 80 cm hoch. Die ebenfalls gefülltblühende goldgelbe 'Goldgefieder' wird bis zu 130 cm hoch. 'Goldgrünherz' besticht durch eine grünliche Blütenmitte (80 cm hoch). *H. helianthoides* var. *scabra* 'Summer Nights' (siehe **Foto**, Höhe 120 cm) ist eine charmante Neuheit mit einfacher gelber Blüte und rötlicher Mitte, die perfekt mit den ebenso rötlichen Stängeln korrespondieren. Auch der Laubaustrieb zeigt diese Farbtönung sowie die äußeren, der Sonne zugewandten Blätter.

Wilde Indianernessel, Wilde Bergamotte

Monarda fistulosa

Diese Staude trägt ihre Herkunft schon im Namen. Sie stammt aus dem Indianerland Nordamerika, wo sie an trockenen Gebüschrändern, auf Waldlichtungen, in den Prärien und auf Wiesen zu finden ist. Den zweiten deutschen Namen verdankt sie ihren aromatischen Blättern, die nach Bergamotte und ein wenig nach Oregano duften. Schon die Indianer nutzten diese Pflanze als Heil- und Würzkraut, der Stamm der Oswego vor allem als Tee – daher liest man auch oft die Bezeichnung »Oswego-Tee« für die Indianernessel.

Die Wilde Indianernessel blüht zartlila und wird 70 bis 150 cm hoch. Ihre Blüten stehen in Quirlen am Ende vierkantiger, straff aufrechter Stängel, die buschige Horste bilden. Sie erscheinen von Juli bis September und sind Bienen eine willkommene Nahrungsquelle. Abgeblüht ergeben sie dekorative Fruchtstände, die den ganzen Winter über Akzente setzen.

Seit Jahrhunderten in Kultur – viele Hybriden

Nicolas Monardes, ein spanischer Arzt und Botaniker, beschrieb die Staude bereits im 16. Jahrhundert und wurde der Pate für ihren botanischen Namen. Seither sind Monarden in Kultur und es entstanden zahlreiche Kreuzungen, an denen verschiedene Wildarten beteiligt waren, besonders häufig jedoch *M. didyma*. Die zahlreichen Garten-Hybriden sind heute viel verbreiteter als die Wildart. Es gibt sie in verschiedenen Größen, von 30 bis 150 cm, und sie blühen in vielen Farben: Weiß, Hell- und Karminrosa, Violett oder Scharlachrot.

Alle Indianernesseln schätzen sonnige bis halbschattige Standorte und nährstoffreiche, sandig-lehmige oder lehmig-humose Böden. Die Hybriden stehen gerne frisch bis feucht, während die Wilde Indianernessel auch mit etwas trockerem Untergrund zurechtkommt.

In der Staudenrabatte erweisen sich Indianernesseln häufig als etwas anfällig für Mehltau und Rostpilzen, insbesondere bei trocken-heißen Bedingungen. In Präriepflanzungen taucht dieses Problem dagegen kaum auf. Sie passen gut in die Nachbarschaft von Chinaschilf oder Rutenhirse.

Garten-Hybriden
M. 'Beauty of Cobham' erblüht altrosa über violetten Hochblättern (90 cm). 'Blaustrumpf' zeigt kräftiges Dunkellila und wird auf standfesten Stängeln 100 bis 130 cm hoch. 'Prärienacht' erreicht sogar 140 cm Höhe und trägt dunkelviolette Blüten. Die Neuheit 'Jacob Cline' schmückt sich mit sehr großen scharlachroten Blüten (80 bis 120 cm), in der gleichen Farbe leuchtet die bewährte 'Squaw' (100 cm). 'Schneewittchen' schließlich erstrahlt weiß (100 bis 120 cm).

Verwandte
M. didyma heißt zu Deutsch »Scharlach-Indianernessel« oder »Goldmelisse«. Der erste Name bezieht sich auf die leuchtend rote Blütenfarbe, der zweite auf ihr süßes Bergamotte-Aroma. Blätter und Blüten können als Tee aufgegossen werden, der sehr an Earl-Grey-Tee erinnert. Die Art wird 80 bis 100 cm hoch und bevorzugt frische bis feuchte Böden. Die kurzlebige *M. citriodora* macht durch ausgeprägten Zitrusduft auf sich aufmerksam, bei *M. fistulosa* subsp. *menthifolia* mischt sich Oregano- und Thymianaroma darunter. Beide fühlen sich wie *M. fistulosa* auf mäßig trockenen Böden wohler.

Foto: *Monarda fistulosa*

Nickender Präriesonnenhut, Prärie-Zapfenblume

Ratibida pinnata

Dieser fragile Doppelgänger des Sonnenhuts *(Rudbeckia)*, zu deren Gattung er früher auch gezählt wurde, gehört zu den Charakterpflanzen der »Great Plains«, also der Hochgrasprärien in der Mitte des nordamerikanischen Kontinents. Seine gelben margeritenartigen Blüten mit der braunen Mitte ähneln den bekannteren Verwandten schon sehr, fallen aber durch deutlich herabhängende Blütenblätter auf. Die Mitte ist kugelig und vor dem Erblühen oft graugrün, später dunkelbraun. Sie erreicht etwa 2,5 cm im Durchmesser. Oft nimmt sie auch eine hochgewölbte Zapfenform an, daher der deutsche Name »Zapfenblume«. Die Blütezeit erstreckt sich von Anfang Juli bis Ende September.

Insgesamt wirkt seine Erscheinung graziler als die der Sonnenhüte. Die Stängel sind schlank, aber stabil und weisen vertiefte Riefen auf. An ihnen sitzen hellgrüne, schmale, lanzettartige Blätter, die jedoch von den verzweigten Blütenstängeln weit überragt werden. Die Horste werden 100 bis 150 cm hoch.

Heilpflanze der Navajo und Cheyenne

Der Nickende Präriesonnenhut wächst am liebsten in sonnigen bis halbschattigen Lagen auf kalkhaltigen Böden. Sie sollten nicht zu schwer sein, denn dies wirkt sich negativ auf die Winterhärte aus. Generell ist der Präriesonnenhut häufig kurzlebig, da er sich aber reichlich selbst versamt, bleibt er im Garten meist erhalten. Er lässt sich gut mit Rutenhirsen, Goldbartgras oder Diamantgras vergesellschaften.

Verwandte
R. columnifera var. *pulcherrima* lässt in der Blütenmitte einen langen, zylindrischen Zapfen aufragen, der von braunroten Zungenblüten mit gelben Rändern eingefasst wird. Diese Art erblüht bereits im Juni und wird 70 bis 100 cm hoch. Als Tiefwurzler ist sie recht trockenheitsresistent. Die Sorte 'Red Midget' bleibt mit 45 cm Höhe sehr kompakt – ideal für kleine Gärten.

Medizinische Verwendung
Die Navajo- und Cheyenne-Indianer verwendeten die Staude als Heilpflanze und nutzten ihre entzündungshemmende Wirkung zur Behandlung von Wunden und gegen Erkältungskrankheiten.

Foto: *Ratibida pinnata*

Gelber Sonnenhut

Rudbeckia fulgida

Was gibt es Prächtigeres, Reichblütigeres und zugleich Pflegeleichteres als den Gelben Sonnenhut? Wenn er ab Juli bis September dicht an dicht seine Sonnenscheiben aufgehen lässt, hat trübe Stimmung keine Chance mehr. Dutzendfach spiegeln sie dann unser Leitgestirn wider mit ihren goldigen Strahlen um die braune Mitte. Am Ende verzweigter Stiele bilden sie Büschel, die kaum noch Grün hervorblitzen lassen. Später fallen die gelben Flügel dann ab und hinterlassen den knubbeligen, kugeligen Samenstand, der auf seinem stabilen Stängel den ganzen Winter über erhalten bleibt. Mit Raureif überzuckert, verwandelt er sich in eine glitzernde Eiskristallkugel und eine Winterzier ersten Ranges.

Die buschigen, voluminösen Horste werden 50 bis 80 cm hoch und tragen an der Basis sehr große dunkelgrüne, ei- bis herzförmige Blätter. Sie bevorzugen sonnige Standorte auf nährstoffreichen Böden. *R. fulgida* mag es gerne frisch bis feucht und gedeiht am besten auf sandig-lehmigem oder lehmig-humosem Untergrund.

Zahlreiche Arten – alle aus Nordamerika

Rudbeckien gibt es jedoch viele, rund 30 bis 40 Arten gehören zur Gattung. Alle sind in den Misch- und Hochgrasprärien Nordamerikas zu Hause und echte Amerikaner. Unter den »Südstaatlern« gibt es auch einige trockenheitsverträglichere (siehe »Verwandte«).

Für Präriepflanzungen sind Sonnenhüte also fast ein Muss. Mit ihren warmen Blütenfarben passen sie in jede Gräserlandschaft. Garten-Reitgras, Diamantgras, Goldbartgras sowie Rutenhirsen schmeicheln ihnen in Form und Farbe besonders charmant.

Sorten

'Goldsturm' (siehe **Foto** unten) ist die Sorte, die am häufigsten im Handel und in den Gärten zu finden ist. Zu Recht, denn sie ist reich- und lange blühend, braucht jedoch gute Wasserversorgung. *R. fulgida* var. *deamii* blüht ab August und wird bis zu 100 cm hoch. Sie verträgt vorübergehende Trockenheit gut.

Verwandte

R. missouriensis liebt trockene, kalkhaltige, steinige Böden und blüht bis in den Oktober hinein. *R. maxima*, der Riesen-Sonnenhut (siehe **Foto** oben), kann bis zu 180 cm hoch werden und bildet hochgewölbte Samenstände aus. Die gelben Strahlenblüten hängen nach unten, die Blätter sind blaugrün bereift. *R. nitida* 'Herbstsonne' wird auch »Fallschim-Sonnenhut« genannt, weil die Blütenblätter ebenfalls nach unten gebogen sind und an Fallschirme erinnern. Er zeigt eine grüne Mitte und blüht ab August; Höhe 150 bis 200 cm. 'Juligold' öffnet seinen Flor frühzeitig im Juli (130 bis 200 cm). *R. laciniata* 'Goldball' brilliert mit gefüllten, ballförmigen Blüten von August bis September; Höhe 160 bis 230 cm. *R. subtomentosa* fügt sich mit zier-lichen Strahlenblüten und kleiner brauner Mitte gut in naturnahe Präriepflanzungen ein (Höhe: 100 bis 150 cm).

Raue Goldrute

Solidago rugosa

Goldruten haben ein schlechtes Image, weil ihnen der Ruf vorauseilt, maßlos zu wuchern und alle anderen Pflanzen um sich herum zu verdrängen. Doch das ist nur die halbe Wahrheit, denn dies trifft nur auf einige wenige Arten zu, z. B. *S. canadensis*.

Die Raue Goldrute ist dagegen ein echter Glücksfall für den Garten. Mit ihren breit buschigen Sträuchern, aus denen im September und Oktober die gelben Blütentrauben bogenförmig wie Fontänen hervorschießen, sieht sie aus wie ein goldener Springbrunnen. Welch dynamische Ausstrahlung!

Winzige Einzelblüten bilden schlanke Blütenstände

Winzige Einzelblüten reihen sich dicht an dicht aneinander und ergeben die 20 bis 30 cm langen Blütenstände, die sich in elegantem Schwung nach außen neigen. Die Büsche werden dabei 80 bis 150 cm hoch und fast 100 cm breit. Man sollte ihnen also etwas Platz einräumen. Die Stauden bilden jedoch keine langen Ausläufer und wuchern nicht. Ihre Blätter sind grasgrün, schmal eiförmig, etwas runzelig und leicht behaart. Durch die feine Struktur und die überhängenden Zweige ist die Raue Goldrute eine bezaubernde Raureiffängerin, die malerische Winterbilder ergibt.

Was den Standort anbelangt, ist die Staude recht anpassungsfähig. Sie stammt aus dem östlichen Nordamerika, wo sie Wiesen und Gebüschränder besiedelt. Hierzulande gedeiht sie auf jedem normalen Gartenboden, der einigermaßen Feuchtigkeit speichern kann. Sie bevorzugt Sonne, kommt aber auch im Halbschatten noch klar. Lange Lebensdauer gehört zu ihren weiteren Vorzügen.

Sorten

'Fireworks' (siehe **Foto**) wird 80 bis 110 cm hoch und blüht ab August. 'Sparkler' erreicht 160 cm Höhe und startet mit der Blüte bereits im Juli.

Verwandte

S. caesia, die Goldbandrute, bildet ebenfalls überhängende gelbe Blütenstände; sie wird 60 bis 90 cm hoch. Sie verträgt etwas trockenere Standorte. *S. ohioensis* entwickelt mit üppigen gelben Trugdolden eine ungewöhnliche Blütenform; Höhe 70 cm, sie wuchert nicht.

Garten-Hybriden

Es gibt zahlreiche Gartenzüchtungen, die auf verschiedene amerikanische Wildarten zurückgehen. Sie tragen meist breitere, verzweigtere, fedrige Blütenrispen. Bewährt haben sich z. B. *S.* 'Strahlenkrone' (60 cm) und mit mimosenähnlichen Blüten 'Golden Mosa' (70 cm).

Kandelaber-Ehrenpreis, Virginischer Arznei-Ehrenpreis

Veronicastrum virginicum

Ein toller Kontrastgeber zu all den Gelbblühern der Seiten zuvor! Und welch extravagante Erscheinung: 100 bis 200 cm hoch ragen die stattlichen Stängel empor und winken mit ihren endständigen lila Blütenähren daher über die meisten Gräser und Begleitpflanzen ihrer Umgebung hinweg. Viele kleine Einzelblüten setzen sich zu langen schlanken Kerzen zusammen, die sich wiederum kandelaberartig verzweigen und um eine Mittelkerze gruppieren. Dieses Aufspreizen verleiht der Blütenetage ungeheure Fülle. Von Juli bis September entfaltet sie ihre Wucht und lockt in dieser Zeit zahllose Bienen an.

Dabei sind auch schon die Horste sehr buschig und vieltriebig. Sie tragen in »Stockwerken« angeordnete Blattquirle, die aus mehreren einzelnen lanzettlichen Blättern bestehen und am Rande leicht gesägt sind. Sie nehmen im Herbst eine warme, gelbe Laubtönung an und harmonieren daher gut mit herbstfärbenden Gräsern. Die abgeblühten Samenstände ergeben einen zusätzlichen Winterschmuck.

Ein würdiger Begleiter für hohe Grasarten

Wie der botanische Artname schon nahelegt, kommt die Staude aus dem östlichen Nordamerika, wo sie auf feuchten Wiesen und an Waldrändern zu Hause ist. Entsprechend möchte sie auch im Garten eher auf frischen bis feuchten, nährstoffreichen Böden stehen. Der Standort sollte sonnig sein. Der Kandelaber-Ehrenpreis verträgt zwar auch Halbschatten, abnehmendes Lichtangebot schwächt jedoch die Standfestigkeit.

Aufgrund seiner Größe kann er Chinaschilf, Riesen-Pfeifengras und hohen Rutenhirsen ein guter Begleiter auf Augenhöhe sein. Sehr wohl fühlt sich die Staude auch am Teichrand oder in Wassernähe.

Sorten

'Fascination' (siehe **Foto**) schmückt seine Blütenähren mit rosa Staubgefäßen und wirkt dadurch rotviolett; Höhe 150 bis 170 cm. Reinweiß blüht 'Diana' und bleibt mit 120 cm relativ klein. 'Erika' entfaltet hellrosa Blüten, ihre standfesten Horste werden etwa 150 cm hoch. 120 bis 150 cm erreicht 'Lavendelturm'. Er setzt mit seinen zart helllilafarbenen Blüten aparte Akzente.

Verwandte

V. sibiricum bildet extrem lange, kerzenförmige lilablaue Ähren, die jedoch weniger verzweigt sind. Die Art wird 140 bis 160 cm hoch und blüht bereits im Juni und Juli.

Weitere schöne Stauden für den Präriegarten

Deutscher Name Botanischer Name	Höhe (cm)	Blüte	Standort	Bemerkungen
Weißgrauer Bleibusch *Amorpha canescens*	30–70	große lila Trauben, Juni–Aug.	sonnig, trocken bis normal	Halbstrauch, Präriepflanze aus Nordamerika, silbriges gefiedertes Laub
Blausternbusch *Amsonia tabernaemontana*	80–100	hellblaue Sterne in Trauben, Juni–Juli	sonnig-halbschattig, frisch–feucht	Präriepflanze aus Nordamerika, lila Austrieb, gelbe Herbstfärbung
Kokardenblume *Gaillardia × grandiflora*	30–70	gelb, rot, braun, auch mehrfarbig, Juni–Sept.	sonnig, warm, frisch bis feucht, durchlässig	viele Zuchtformen, Bienenmagnet, auf schweren Böden kurzlebig
Prachtkerze, Präriekerze *Gaura lindheimeri*	60–120	weiß, zierlich, Juli–Okt.	sonnig, warm trocken–frisch, durchlässig	Präriepflanze aus Nordamerika, Winternässe meiden, Selbstaussaat
Stauden-Sonnenblume *Helianthus decapetalus*	120–180	gelbe Sonnenblüten, Aug.–Okt.	sonnig, warm, lehmig, frisch, nährstoffreich	aus Nordamerika, horstartiger Wuchs viele, auch gefüllte Sorten
Acker-Witwenblume *Knautia arvensis*	50–60	lila, schalenförmig, Mai–Aug.	sonnig, warm, trocken bis frisch	verzweigte Blütenstände, Bienenpflanze
Ährige Prachtscharte *Liatris spicata*	40–100	violette oder weiße Kolben, Juli–Sept.	sonnig–halbschattig, frisch, nährstoffreich	aus Nordamerika, grasartige Blätter, schmucke Samenstände
Hohe Nachtkerze *Oenothera fruticosa* subsp. *glauca*	30–70	gelbe Schalenblüten, Juni–Aug.	sonnig, warm, nährstoffreich, durchlässig	aus Nordamerika, Laub im Austrieb und im Herbst rötlich, viele Sorten
Blauraute *Perovskia atriplicifolia*	100–140	lilablau, in lockeren Rispen, Juli–Sept.	sonnig, warm, trocken, durchlässig	Halbstrauch aus Westasien, graulaubig, Rückschnitt im Frühjahr
Breitblatt-Phlox *Phlox amplifolia*	130–150	lila, rosa, weiß, in Kuppeln, Juli–Sept.	sonnig–halbschattig, frisch–feucht, nährstoffreich	Präriepflanze aus Nordamerika, robust gegenüber Trockenheit und Krankheiten
Garten-Phlox *Phlox*-Paniculata-Hybriden	50–150	Kuppeln in vielen Farben, Juli–Sept.	sonnig, kühl, frisch–feucht, nährstoffreich	viele Zuchtsorten, Eltern aus Nordamerika, gegen Hitze und Trockenheit empfindlich
Steppen-Salbei **3** *Salvia nemorosa*	30–60	violettblaue Trauben, Juni–Sept.	sonnig, warm, frisch, durchlässig,	aus Osteuropa und Westasien, schlanke Blüten, lange Blütezeit
Herbst-Helmkraut **4** *Scutellaria incana*	60–100	hellblaue Rispen, Juli–Sept.	sonnig–halbschattig, frisch, durchlässig	Präriepflanze aus Nordamerika, attraktive Samenstände, Bienenmagnet
Purpur-Fetthenne **1** *Sedum telephium*	30–60	purpurrosa, braunrot, schirmartig, Aug.–Okt.	sonnig, durchlässig, trocken, kalkhaltig	aus Europa und Asien, graugrüne, fleischige Blätter, im Herbst gelb, viele Sorten
Schleier-Eisenkraut **2** *Verbena bonariensis*	70–160	kleine lila Köpfchen, Juni–Okt.	sonnig, warm, frisch, durchlässig	aus Südamerika (Patagonien), fragile Erscheinung, meist nur einjährig

1
2
3
4

Noch mehr Gräsergärten

Noch mehr Gräsergärten

»Wie war es nur möglich, solche Schätze für den Garten unausgeschöpft zu lassen?«

Karl Foerster

Gräser – vielseitig und variabel

Sie können sich nicht für Präriegärten begeistern? Oder die Standortbedingungen Ihres Gartens bieten nicht die nötigen Voraussetzungen? Kein Problem. Die Möglichkeiten, mit Gräsern zu gestalten, sind unglaublich vielfältig. Die Natur macht es uns vor. Kein Zufall, dass Gräser in vielen Regionen der Erde und an den unterschiedlichsten Standorten zu den landschaftsprägenden Pflanzen gehören. Sie dominieren nicht nur die Prärien Nordamerikas und die Pampas im Süden des Kontinents, auch afrikanische Savannen und asiatische Steppen leben von den filigranen und doch so robusten Halmen. Sie sind in unseren heimischen Wäldern ebenso zu Hause wie in Sumpfgebieten, sandigen Dünen oder steinigen Berglagen. Gerade extremen Standorten, an denen anderes Pflanzen-leben kaum Fuß fasst, scheint immer noch ein Gras »gewachsen« zu sein. Karl Foerster, der als einer der ersten Gräser für den Garten entdeckte, nannte sie »das Haar der Mutter Erde«.

Für jeden Standort und jeden Zweck

Für uns Gärtner heißt das, jeder Garten kann mit Gräsern gestaltet werden. Man muss nur die richtige Auswahl treffen, dann findet man im Sortiment für jeden Zweck und jeden Standort die passenden Vertreter und je nach Gestaltungswunsch die geeigneten Begleiter. Gräser machen in sonnigen Prachtstaudenrabatten zwischen Rosen und Rittersporn eine ebenso gute Figur wie im asketischen Steingarten oder in Kiesbeeten neben Bart-Iris, Lavendel oder Kräutern. Im ersten Fall sind Garten-Reitgras *(Calamagrostis × acutifolia* 'Karl Foerster'), Lampenputzergras *(Pennisetum alopecuroides)* oder Rutenhirsen *(Panicum*-Arten) eine gute Wahl, im zweiten Hungerkünstler wie Federgräser *(Stipa*-Arten), Schillergras *(Koeleria glauca)* oder Blau-Schwingel *(Festuca glauca)*. Im Schattengarten spielen Gräser sogar eine herausragende Rolle als Gestaltungsmittel. Zwischen Farnen und Waldstauden setzen sie hier als Blattschmuckschönheiten Akzente und bringen dank gärtnerischer Züchtungsarbeit mit speziellen buntlaubigen Sorten sogar noch Farbe ins Dunkel. Schönheiten wie das Japan-Waldgras *(Hakonechloa macra)* oder viele Seggen *(Carex*-Arten) sind hier unersetzlich.

So vielseitig in der Verwendung, so vielgestaltig sind Gräser auch in ihrer Form. Ob trittfester Zwerg, der sich als robuster Bodendecker empfiehlt, wie das Moskitogras *(Boutelua gracilis)*, oder meterhoher Riese, der als Sichtschutz mühelos für Privatsphäre sorgt, wie das Chinaschilf *(Miscanthus sinensis)*, stets ist das Passende zu finden.

Die folgenden Seiten zeigen verschiedene Themen und Stilrichtungen, um mit Gräsern auch Gärten jenseits der Präriegarten-Form zu gestalten.

Oben: Gräser machen am Wasser immer eine gute Figur. Hier lässt Chinaschilf seine Fontänen neben Wasserdost aufschießen und sorgt bei ruhigem Wasser für eine malerische Spiegelung.

Unten: Hungerkünstler unter den Gräsern wie diese Federgräser verwandeln auch trocken karge Gartenlagen in lebendige Bilder.

Malerische Kulisse am Wasser

Wo immer und in welcher Form auch immer Wasser im Garten auftaucht, sind Gräser nicht weit. Ob Zierteich, Schwimmteich, Tümpelchen, formales Becken oder auch nur ein gefülltes Fass, ob Bachlauf, Quellstein oder Springbrunnen – fast immer zieren filigrane Halme oder aufschießende Horste die Ufer oder den Beckenrand. Das ist kein Zufall, denn zum einen gibt es viele Gräser für feuchte Standorte, zum anderen hat dies aber vor allem ästhetische Gründe.

Für glatte und bewegte Oberflächen

An stehenden Gewässern, also Teichen und Wasserbecken, deren Oberfläche meist ruhig und glatt ist, zeichnen vom Ufer überhängende Halme malerische Spiegelbilder auf die Wasserfläche. Die eleganten Silhouetten üppiger Horste werden dann effektvoll verdoppelt und erzeugen naturnahes Flair. Mit ihrem eleganten übergeneigten Wuchs kaschieren viele Arten außerdem geschickt hässliche Folienufer oder Kunststoff-Beckenränder. Und last, but not least bieten Gräser den Vorteil, dass sie im Herbst ihre Halme nicht einfach abwerfen, was das mühselige Abfischen von Falllaub erspart.

In Kombination mit bewegtem Wasser liegt der Charme der Gräser oft in der korrespondierenden Form. So erinnern Chinaschilf *(Miscanthus sinensis)* oder Rutenhirsen *(Panicum-*Arten) an hochschießende Wasserfontänen. Federgräser (*Stipa*-Arten) oder Diamantgras *(Calamagrostis brachytricha)* suggerieren mit ihren hellen, feinen Blütenrispen sogar schäumende Gischt. Und nicht zuletzt verlocken manchen Gartenbesitzer die akustischen Reize. Wer das Plätschern und Gluckern von Sprudelsteinen und Bachläufen oder das Rauschen künstlicher Wasserfälle liebt, hat oft auch eine Schwäche für das feine Rascheln und Flüstern der Grashalme im Wind.

Feuchtes oder trockenes Ufer

Das Element Wasser ist nach wie vor ein Faszinosum und bringt in jedem Fall Leben in den Garten – nicht nur in bewegter Form. Auch stehende Gewässer reagieren auf Wind mit dem Kräuseln der Oberfläche und locken zahlreiche Tiere an, wie Libellen und andere Insekten, Frösche und Vögel.

In den meisten Gärten werden Wasserläufe oder Becken künstlich angelegt. Je nach Größe und Form des Gewässers wird zur Abdichtung des Bodens in der Regel Teichfolie verwendet oder es werden Kunststoffbecken verbaut. Bei der Ufergestaltung solcher Anlagen ist zu bedenken, dass außerhalb der Abdichtung normale Gartenerde ansteht. Diese kann je nach Region und Bodenart auch recht trocken sein, während an natürlichen Gewässerrändern das Erdreich im Uferbereich meist feucht bis nass ist. Diesen Umstand gilt es bei der Pflanzenauswahl zu berücksichtigen.

Oben: An diesem Sitzplatz sorgt Schirmbambus für Sichtschutz und verschiedene Gräser setzen am und im Wasser Akzente. Die Mitte des Teiches schmücken Seerosen.

Unten: An diesem künstlichen Wasserfall rauscht nicht nur das kühle Nass. Im Hintergrund lässt Chinaschilf seine langen Blätter rascheln. Direkt am Wasser stehen Federgras und Prachtkerzen.

Gemeinsam ist allen wassernahen Standorten eine relativ hohe Luftfeuchtigkeit. Dort fühlen sich auch laubreiche, üppige Pflanzen wohl und können sich gut entwickeln. So gedeihen Lampenputzergras *(Pennisetum*-Arten) und Chinaschilf hier prächtig, aber auch Begleiter wie Taglilien *(Hemerocallis*-Hybriden), Kerzen-Knöterich *(Bistorta amplexicaulis)*, Wasserdost *(Eupatorium maculatum)* oder Funkien *(Hosta*-Hybriden).

Nasse Füße bevorzugt

Während man also für die Kulisse künstlicher Wasserbecken jenseits der Abdichtung auf zahlreiche Gartengräser und -stauden zurückgreifen kann, kommen für natürliche feuchte Ufer oder Gartenecken, die mehrmals im Jahr überflutet werden, nur Spezialisten infrage. Viele Seggen *(Carex*-Arten) fühlen sich hier wohl. Diese Sauergräser schätzen meist frische bis feuchte Plätze im Halbschatten oder Schatten. Dort verleihen sie Teichrändern urwaldähnliches Flair. Die Hänge-Segge *(Carex pendula)* beispielsweise ziert mit elegant geschwungenen Blättern und pendelnden Ähren, die Morgenstern-Segge *(Carex grayi)* mit dekorativen Samenständen, die Palmwedel-Segge *(Carex muskingumensis)* mit außergewöhnlichem Laub und viele blattbunte Formen wie die Goldgelbe Steife Segge *(Carex elata* 'Aurea') oder die Weißbunte Japan-Segge *(Carex morrowii* 'Variegata') setzen farbige Akzente ins Grün (siehe Seite 149). Auch einige Waldgräser machen in dieser Umgebung gute Figur, etwa das Japan-Waldgras *(Hakonechloa macra)*, von dem es ebenfalls buntlaubige Formen gibt (siehe Seite 129).

Dschungelatmosphäre lässt sich außerdem mit dem Pfahlrohr *(Arundo donax)* erzeugen. Es überragt mit seinen bis zu 4 m hohen Stängeln alle Begleiter und passt mit seiner schilfartigen Ausstrahlung hervorragend an den Teichrand. Als mediterraner Sprössling bevorzugt es allerdings sonnige, warme Ufer. Trotz seiner stattlichen Größe und beeindruckenden Blattmasse toleriert es aber auch vorübergehende Trockenheit. Ähnlich schilfartig wirkt das Rohr-Glanzgras *(Phalaris arundinacea)*, es wird aber mit rund 100 cm nicht so groß und kommt mit Sonne und Halbschatten klar.

Als relativ anpassungsfähig erweist sich auch das Riesen-Pfeifengras *(Molinia arundinacea)*. Es steht am liebsten frisch bis feucht und braucht nährstoffreiche Erde. Je besser die Wasserversorgung, desto mehr Sonne verträgt dieses schmucke Gras. Mit seinen bis zu 2 m hohen knotenlosen Blütenstängeln über nur 70 cm hohem Blatthorst wirkt es sehr elegant und filigran. Die Stängel wurden früher als Pfeifenputzer verwendet und gaben dem Gras seinen deutschen Namen.

Sumpf- und Wassergräser

Nicht nur natürliche Teiche, auch künstlich angelegte verfügen in der Regel über Zonen verschiedener Tiefe. Der tiefste Punkt liegt in der Mitte. Zum Ufer hin folgt eine Flachwasserzone mit einem Wasserstand von 20 bis 50 cm, daran schließt sich die Sumpfzone an, die dauerhaft wassergesättigte Erde aufweist und teilweise sogar leicht unter Wasser steht. Auch in diesen Bereichen fühlen sich Gräserspezialisten wohl. Schilf *(Phragmites australis)* und zahlreiche Binsen *(Juncus*-Arten) besiedeln in freier Natur diese Standorte, aber auch Rohrkolben (*Typha*-Arten) und Teich-Simse *(Schoenoplectus tabernaemontani)*. Diese Wassergräser beweisen allerdings enorme Vitalität und zeichnen sich durch einen starken Ausbreitungsdrang aus. Für Gartenteiche sind sie daher nicht uneingeschränkt zu empfehlen. Oft wuchern sie in kürzester Zeit die Wasseroberfläche zu und der Charme des Teiches ist dahin. Will man auf sie dennoch nicht verzichten, sollte man sie in kleineren Anlagen unbedingt in geschlossenen Pflanzgefäßen ins Wasser setzen, um sie in Schranken zu halten.

Links: Dieser Wassergarten wird ausschließlich von Gräsern belebt. Aus dem kühlen Nass erheben sich Rohrkolben, gesäumt wird das Ganze von verschiedenen Chinaschilf-Sorten, die ihre Blütenstände wie Gischt aufschäumen lassen.

Oben: Mehrere Chinaschilfhorste lassen ihre Blätter wie Fontänen im Bogen überfallen. Sie geben dieser Sitzecke am Teich durch ihre Höhe Struktur. Kleinere Gräser säumen die Sumpfzone des Teiches und greifen die vertikale Formensprache auf.

Die schönsten Ziergräser für feuchte Plätze

Bei der Bepflanzung feuchter Ufer oder vergleichbarer Gartenflächen sind Gräser hervorragende Gestaltungsmittel. Je nach Geschmack und Kombination kann man mit ihnen moderne grafische Akzente setzen oder naturnahe Gartenszenen entstehen lassen. Je nachdem, ob es sich um sonnige oder beschattete Standplätze handelt, empfehlen sich die folgenden Arten.

Für absonnige oder beschattete Lagen

- Die Morgenstern-Segge *(Carex grayi)* wird rund 50 cm hoch und hat dreikantige, lanzettliche Blätter, die bogig überhängen. Ab Juni schmückt sie sich mit kurzgestielten Ähren am Ende der Blütenhalme, aus denen sich sternartige hellgrüne Samenstände von bis zu 4 cm Größe entwickeln.
- Die Palmwedel-Segge *(Carex muskingumensis)* verblüfft durch die palmblattartig an den Halmen angeordneten Blätter. Sie bildet dichte Horste von 60 bis 70 cm Höhe. Bei ausreichender Bodenfeuchte verträgt sie auch Sonne.
- Die Hänge-Segge *(Carex pendula)* heißt auch Riesen-Segge, weil ihre Blütenhalme bis zu 150 cm Höhe aufschießen und die rund 60 cm hohen Blatthorste deutlich überragen. Damit ist sie die stattlichste Vertreterin ihrer Gattung. Im Juni erscheinen walzenförmige Ähren, die elegant pendelnd herabhängen. Sie schätzt kalkarme, lehmig humose Böden und verträgt sogar vollen Schatten und verdichteten Untergrund.
- Das Plattährengras *(Chasmanthium latifolium)* bezaubert mit seinen flachgedrückten Blütenähren, die ab August erscheinen. Seine Horste werden rund 80 cm hoch, die Blütenstängel bis zu 110 cm. Die dichte bambusartige Belaubung färbt sich im Herbst bernsteinfarben.

Für sonnige Standorte

- Das Pfahlrohr *(Arundo donax)* ist der Gigant unter den europäischen Gräsern. Seine stabilen rohrartigen Stängel erreichen bis zu 4 m Höhe und tragen breitlanzettliche Blätter. Es gibt mit 'Versicolor' (= 'Variegata') auch eine weiß-grün panaschierte Form. Über Ausläufer bildet das Gras nach und nach schilfartige Bestände.
- Das Rohr-Glanzgras *(Phalaris arundinacea)* findet man in den Gärten meist in seiner weiß-grün gestreiften Varietät 'Picta'. Mit rund 100 cm Höhe bleibt es überschaubar und lässt ab Juni filigrane Blütenrispen flattern. Mit der Zeit bildet es über Ausläufer dickichtartigen Bewuchs.
- Das Gold-Leistengras *(Spartina pectinata* 'Aureomarginata') entwickelt einen eleganten, malerischen Wuchs. Seine nur 1,5 cm breiten, gelb-grün gestreiften Blätter hängen bogig über und bilden Horste von 150 cm Höhe. Es verträgt Sonne und Halbschatten, breitet sich aber ebenfalls gerne aus.

Oben: Das Plattährengras erhielt seinen Namen wegen der flachen Form seiner Blütenähren, die sich im Herbst dekorativ verfärben.

Unten links: Das Pfahlrohr, hier die Sorte 'Versicolor', gehört mit bis zu 4 m Höhe zu den Riesen unter den Gräsern.

Unten rechts: Die Morgenstern-Segge *(Carex grayi)* fällt durch ihre außergewöhnlichen, knubbeligen Samenstände auf, die auch für ihren deutschen Namen verantwortlich sind.

Temporärer Sichtschutz mit Gräsern

Zu den Urbedürfnissen nicht nur von Gartenbesitzern in Großstadten gehört der Wunsch nach etwas Privatsphäre im grünen Paradies. Ein wenig Sichtschutz muss sein, zumindest an der Terrasse oder anderen Lieblingssitzplätzen, an die man sich gerne zurückzieht. Als klassische Sichtschutzspender kommen meist Hecken, Mauern oder blickdichte Fertigelemente zum Einsatz. Häufig haftet ihnen jedoch etwas Strenges, Schroffes und Abweisendes an und man fühlt sich mitunter eher »bedrückt« oder gar »eingemauert« statt behütet. Hohe Gräser bieten da elegante und dynamische Alternativen voller Leichtigkeit und Grazie.

Locker und beweglich

Obwohl viele Formen mühelos 2 m Höhe und mehr erreichen, wirken sie dank ihres feinen Linienspiels und den häufig bogig überhängenden Blättern nie so kompakt und wuchtig wie etwa Formschnitthecken oder gar Wände. Ihre senkrechte Struktur mit den aufstrebenden, nahezu unverzweigten Halmen bewahrt ihnen stets eine aufgelockerte Silhouette und Beweglichkeit im Wind. Selbst dichte Horste, die jeden Durchblick verwehren, strahlen dennoch sanfte Verspieltheit aus. So lassen sich mit Gräserriesen wie Chinaschilf *(Miscanthus sinensis)* oder etlichen Rutenhirse-Sorten *(Panicum virgatum)* grüne Grenzen ziehen, ohne harte Fronten zu bilden. Sie erheben sich weit über Kopfhöhe, wiegen sich weich im Wind, wispern einem ihr Geflüster direkt ins Ohr und sperren dennoch unerwünschte Blicke aus. Und sie ziehen diesen Vorhang innerhalb einer Saison auf! Während Hecken, um Mannshöhe zu erreichen, jahrelang ihren Holzkörper aufbauen, sprießen Gräser innerhalb einer Saison zu ihrer Endgröße auf. Im Frühsommer kann man den Blättern und Halmen buchstäblich beim Wachsen zuschauen.

Freier Durchblick im Frühjahr

Der Nachteil dieses Wachstumsrhythmus ist, dass nach dem jährlichen Rückschnitt im Spätwinter der grüne Vorhang für einige Wochen fällt. Doch vermisst man den Sichtschutz zu dieser Jahreszeit vielleicht nicht allzu schmerzlich. Bis die ersten lauen Sommerabende draußen verbracht werden, sorgt der frische Austrieb bereits wieder für klare Kante. Volle Deckung gibt´s allerdings erst wieder ab Hochsommer.

Will man diese Sichtschutzlücke vermeiden, bietet Bambus eine Alternative. Bambusse gehören ebenfalls zu den Gräsern, nehmen mit immergrünen Blättern und verholzenden Halmen jedoch eine Sonderstellung ein. Sie bleiben wie Gehölze den Winter über präsent. Viele Arten erreichen stattliche Höhen und gewähren daher rund ums Jahr Sichtschutz. Allerdings ist zu beachten, dass vor allem die hohen *Phyllostachys*-Formen, sehr ausbreitungsfreudig und nur mit Wurzelsperre zu setzen sind.

Oben: Chinaschilf sorgt hier zusammen mit Mauerelementen für Sichtschutz. Mit seinem locker überhängenden Wuchs bricht es die Strenge der Wände charmant auf.

Unten: Unter dieser Pergola gewährt das Zebraschilf *(Miscanthus sinensis* 'Strictus') mit seinen gelb getüpfelten Blättern Schutz vor fremden Einblicken.

Effektvoll in Reihe gepflanzt

Kompromisse müssen nicht immer schlecht sein. Wer ganzjährig fremden Einblick vermeiden will, kann auch äußerst wirkungsvoll Gräser mit Hecken oder Wänden kombinieren. Eine Chinaschilf-Fontäne etwa der Sorte 'Gracillimus', vor eine Terrassenmauer gepflanzt, nimmt dem Bauwerk jede Strenge und lässt es von Spätsommer bis Winter ganz verschwinden.

Sehr apart lassen sich auch Steinstelen und Gräser in Reihe setzen, man erzielt damit spannende grafische Effekte. Wechselt man beispielsweise Granitsäulen oder Gabionen-Elemente mit straff aufrecht wachsenden Gräsern wie Garten-Reitgras *(Calamagrostis × acutifolia* 'Karl Foerster') oder Riesen-Pfeifengras *(Molinia arundinacea)* ab, ergänzen sich optisch harte und weiche »Säulen« zu einer Linie. Ein ähnliches Spiel mit Gegensätzen gelingt mit Formschnitt-Gehölzen und Gräsern. So konterkarieren Chinaschilf-Fontänen mit ihrer Silhouette perfekt die Konturen von Eiben-Kegeln oder konische beschnittenen Buchssäulen. Abwechselnd aufgepflanzt, zaubern sie interessante Muster in den Garten und verbreiten modernes Flair. Zwar ist dieser Sichtschutz zeitweise »perforiert«, aber zumindest ein Teil bleibt dauerhaft präsent und verhindert freien Durchblick.

Im Grunde macht die jahreszeitliche Dynamik sogar einen besonderen Reiz der Sichtschutzgräser aus. Während Mauern oder immergrüne Formschnitthecken rund ums Jahr die gleiche Kulisse bilden, machen Gräser die Saison lebendig. Frischgrüner Austrieb erhellt das Frühjahr, im Sommer schieben die Blütenhalme in die Höhe und entfalten ihre fedrigen Rispen. Im Herbst zieren Samenstände und verfärbtes Laub den Garten und im Winter rascheln die trockenen beigebraunen Halme im Wind. Nie wird der Anblick langweilig, jeder Monat erhält seinen unverwechselbaren Anblick.

Sichtschutz spielt nicht nur am Sitzplatz oder an der Grundstücksgrenze eine Rolle, auch innerhalb des Gartens untergliedern hohe Pflanzen die Fläche in Räume und verwehren die volle Übersicht auf den ersten Blick. Das macht die

Gestaltung interessanter, denn was verdeckt liegt, weckt die Neugier. Ein hoher Gräserhorst schafft wie ein Gehölz Perspektiven im Grün, erlaubt bestimmte Durchblicke und verwehrt andere. So entstehen Blickachsen und die Aufmerksamkeit des Betrachters wird gezielt gelenkt. Auch dabei kann der jahreszeitliche Wandel der Gräser zusätzliche Reize setzen. Nicht nur die farbliche Veränderung und der Blütencharme bringen Abwechslung. Der Rückschnitt im Frühjahr gibt vielleicht den Blick auf ein Beet mit Zwiebelblühern frei, und nach dem Austrieb verschwindet dieses wieder hinter einer grünen Wand.

Transparente Vorhänge

Es muss jedoch keineswegs immer eine blickdichte Wand sein, um Räume zu schaffen. Oft erfüllen transparente Vorhänge den gleichen Zweck, sind aber viel luftiger und schmeichelhafter. Wie in einem Wohnraum schaffen sie zwar optisch eine Grenze, ohne jedoch undurchdringlich zu wirken, sondern bringen mit ihrem Schleiereffekt sogar einen dekorativen Akzent mit ein. Auf den Garten übertragen, kann man mit Gräsern wie dem Riesen-Federgras *(Stipa gigantea)* oder dem Riesen-Pfeifengras *(Molinia arundinacea)* derart transparente Effekte erzielen. Ihre Blatthorste bleiben mit 50 bis 60 cm Höhe überschaubar, nur die schlanken Blütenhalme ragen strahlenförmig auf 2 m Höhe und mehr auf. Die dünnen Stängel stehen jedoch so luftig, dass man immer noch hindurchsehen kann.

Links: Für lauschige, geborgene Atmosphäre sorgt das hohe Chinaschilf. Es macht die Jahreszeiten an diesem Sitzplatz lebendig und gibt ihm immer wieder einen neuen Anstrich.

Rechts: Wenn Blütenstängel die Blatthorste der Gräser weit überragen, wie bei diesem Chinaschilf, entstehen transparente, bewegliche Schleier von besonderem Reiz, die aparte Lichtspiele in den Garten zaubern.

Die schönsten Gräser-Giganten

Pflanzen, die innerhalb einer Saison zu solcher Größe heranwachsen und so enorme Blattmassen produzieren, brauchen für gutes Gedeihen auch eine optimale Versorgung mit Wasser, Nährstoffen und Licht. Ein guter, nicht zu magerer, tiefgründiger Boden ist daher Voraussetzung für eine zufriedenstellende Entwicklung. Mit dem Rückschnitt im Frühjahr bringt man am besten eine Startdüngung in Form von Kompost oder einem organischen Langzeitpräparat aus.

Stattliche Chinaschilf-Sorten

Die größten Gräser findet man sicher unter den immergrünen Bambus-Arten. Der Spitzenreiter unter den Sommergrünen, das Riesen-Chinaschilf *(Miscanthus giganteus)*, steht dem mit 3 bis 4 m Höhe jedoch kaum nach. Von *Miscanthus sinensis* gibt es zahlreiche Sorten (siehe auch Seite 59), darunter viele, die mehr als mannshoch werden. 'Giraffe', 'Strictus' und 'Zebrinus' z. B. schmücken sich mit gelb quer gestreiftem Laub und sind vor allem Blattschmuckformen (siehe Seite 149). 'Große Fontäne', 'Malepartus', 'Silberfeder' und 'Silberturm' dagegen toppen ihre Größe noch mit auffallenden Blütenständen. Die Varietät *M. sinensis* var. *condensatus* bringt ebenfalls Sorten mit rund 250 cm Höhe hervor, die attraktiv weißgrün längs gestreift sind.

Riesige Rutenhirsen

Die zweite Grasart, die gleich mit mehreren Sorten die Palette der Giganten bereichert, ist die Rutenhirse *(Panicum virgatum*, siehe auch Seite 61). Buchstäblich überragend ist hier 'Cloud Nine' (bis 240 cm), aber auch 'Dallas Blues' und 'Northwind' erreichen mit ihren Blütenständen 180 cm Höhe. Das gilt auch für 'Strictum' und 'Warrior', sie tragen jedoch grünes Laub, das sich im Hebst ockergelb verfärbt, während die erstgenannten durch blaugrau gereifte Blätter auffallen.

Weitere majestätische Gräser

- Der Große Blauhalm *(Andropogon gerardii)* ist ein typisches Präriegras. Es liebt sonnige Plätze und kommt mit fast allen Böden zurecht – ob mäßig trocken oder feucht. Die schmalen Blätter hängen locker über und bilden Horste von rund 150 cm Höhe. Daraus ragen rotbraune Blütenrispen bis zu 200 cm und höher auf. Im Herbst brilliert das Gras mit orange- bis kupferroter Laubfärbung.
- Das Pampasgras *(Cortaderia selloana)* stammt aus den baumlosen Steppen (Pampas) Südamerikas. Schmale graugrüne Blätter hängen malerisch über. Die Horste werden 120 bis 150 cm hoch und ab September von bis zu 250 hohen, buschigen cremeweißen Blütenbüscheln überragt.
- Das Pfahlrohr *(Arundo donax)* hat mit seiner Größe von bis zu 4 m ebenfalls Sichtschutzqualitäten (siehe Seite 115).

Links: Kaum eine andere Gräsergattung bietet eine so umfangreiche Auswahl an hoch wachsenden Sorten wie *Miscanthus*, das Chinaschilf.

Rechts: Auch die Rutenhirse der Sorte 'Northwind' beweist mit bis zu 180 cm Höhe Sichtschutzqualitäten. Sie gehört zu den sehr standfesten Sorten und behält einen fast säulenartigen Wuchs. Goldgelbe Herbstfarbe macht sie zusätzlich attraktiv.

Ein Gräsergarten, wogend im Wind

»Wir wollten einen hohen Garten, der sich im Wind wiegt und rauscht und raschelt«, erläutert Reiner Westen die Idee, die der Gartengestaltung zugrunde liegt. Verständlich, denn Wind gibt es hier, 300 m vom Meer entfernt, mehr als genug. An der Küste in Timmendorfer Strand liegt der rund 1 000 qm große Garten, den Reiner Westen und Brigitte Dammann selbst geplant und angelegt haben. Das dazugehörige Haus befand sich im Besitz der Familie Dammann und diente lange Jahre als Ferien- und Wochenendhaus. Vor zehn Jahren schließlich zogen die beiden Gartenbegeisterten fest ein und krempelten als Erstes das Grün vor der Haustür komplett um.

Bei jeder Brise ein Flüstern in Kopfhöhe

Zuvor wuchsen auch schon einige Gräser und vor allem Stauden auf dem Grundstück, doch eben viel kleinere, niedrigere Arten. »Aber wir lieben es, zwischen hohen Gräsern zu wandeln«, schwärmt Reiner Westen. Gar nicht so sehr wegen des Sichtschutzes, den gewährt eine Hecke an der Grenze zum Nachbargrundstück. Vielmehr geht es um das paradiesische Gefühl und das Säuseln der Blätter und Halme in Kopfhöhe, das bei jeder noch so sanften Brise zu flüstern beginnt. Da keine andere Pflanze Windbewegungen besser in akustische Reize umwandelt und nuancenreicher transportieren kann als Gräser, spielen diese in der neuen Gartengestaltung die Hauptrolle. Mit ihren feinen schmalen Blättern biegen sie sich stets dynamisch mit der Windrichtung und im Herbst reiben sich die rascheltrockenen Blütenhalme aneinander.

Links: Von der Terrasse fällt der Blick auf Kugeldisteln und Gartenreitgras 'Karl Foerster', davor lässt Engelshaar im Pflanzkasten seinen Flaum im Wind flattern.

Chinaschilf und Rutenhirsen

Da stattliche Höhen vor allem von Chinaschilf *(Miscanthus sinensis)* sowie von etlichen Rutenhirse-Sorten *(Panicum virgatum)* wie 'Cloud Nine', 'Northwind' oder 'Warrior' erreicht werden, bilden diese Gräser einen Schwerpunkt im Garten und sind an verschiedenen Stellen immer wieder anzutreffen. Zwischen ihren mannshohen buschigen Horsten findet man mühelos Deckung und kann sich wie durch ein Labyrinth bewegen. Ergänzt wird das Ganze durch eingestreute Stauden, die Farbakzente beisteuern.

Inspiriert durch Karl Foerster

Anregungen fand das gärtnernde Paar beim Staudenpapst Karl Foerster. »Seine Art der Staudenverwendung hat uns sehr inspiriert«, gesteht Reiner Westen. Auch der Altmeister hat bereits viele Gräser verwendet und zusammen mit Stauden zu naturalistischen Kompositionen zusammengepflanzt. Jede Pflanze sollte ihr Charakteristikum voll entfalten können. Erscheinungsbild, Farbe und Duft sowie jahreszeitliche Veränderungen spielen beim Einsatz im Garten gleichermaßen eine Rolle. Am Timmendorfer Strand gibt außerdem der feuchte Boden ein weiteres Auswahlkriterium vor. »Die gepflanzten Arten müssen damit zurechtkommen«, erklären die Planer ihre Auswahl. Die meisten Gräser sind in dieser Hinsicht sehr anpassungsfähig; bei den Stauden galt es hingegen, sie sorgfältiger auszuwählen.

Brigitte Dammann und Reiner Westen entschieden sich unter anderem für Wasserdost *(Eupatorium maculatum)*, Kerzen-Knöterich *(Bistorta amplexicaulis)*, Phlox *(Phlox paniculata)* und Indianernessel (*Monarda*-Hybriden). Sie fühlen sich unter diesen Rahmenbedingungen sehr wohl. Vor allem in Hausnähe locken sie mit ihren bunten Blüten zahlreiche Bienen und Schmetterlinge an. Kugeldisteln *(Echinops ritro)* und Schleier-Eisenkraut *(Verbena bonariensis)* setzen hier und da ihre violettblauen Tüpfel dazwischen.

Mehrere Sitzplätze je nach Witterung

Diese Stauden zusammen mit der Gräserblüte machen den Hochsommer zum Höhepunkt im Garten. »Ab Juli beginnt die schönste Zeit«, finden die Besitzer – zumindest die farbigste. Dann

Links: Blühende Stauden machen den Hochsommer zu einem Höhepunkt. Zur Terrasse begrenzt Garten-Reitgras die Pflanzung.

Oben: Niederlassen, dem Rascheln von Chinaschilf 'Malepartus' (links) und 'Gracillimus' (rechts) lauschen und dabei die Zeit vergessen.

»Wir lieben es, zwischen hohen Gräsern zu wandeln, die sich im Wind wiegen.«

Reiner Westen

dominierten Rot und Blau das Bild, während im Frühsommer das frische Grün der austreibenden Gräser aufleuchtet und der Herbst von den warmen Tönen der verfärbenden Halme erwärmt wird. Damit man jede Jahreszeit optimal genießen kann, gibt es mehrere Sitzplätze im Garten. Auf der sonnigen, windgeschützten Terrasse wärmt sich das Paar gerne, wenn es draußen noch kühl ist. An heißen Sommertagen dagegen schätzt es das Holzdeck am Teich und genießt dort die Kühle des Wassers. Auf einem gepflasterten Platz hinter dem Haus gewährt eine Sitzgruppe Ausblick auf die Pflanzenpracht. Darüber hinaus gibt es eine Bank, die ganz mobil immer dort aufgestellt wird, wo sich gerade besonders schöne Bilder ergeben.

Ab Juni nur noch genießen

Im zeitigen Frühjahr, nach dem Rückschnitt der Gräser und Staudenreste, wirkt der Garten relativ nüchtern. Die beiden Gartenliebhaber beleben diese Phase mit zahlreichen Zwiebelblühern. Im frühen Sommer folgen dann Zier-Lauch *(Allium*-Arten), Prärielilie *(Camassia cusickii)* und Großer Milchstern *(Ornithogalum magnum)*. In dieser Zeit fällt auch die meiste Pflegearbeit an: Schneiden, Horste teilen, Flächen mit Kompost versehen. »Aber ab Juni, wenn die Gräser und Stauden den Boden wieder dicht bedecken, brauchen wir nicht mehr einzugreifen und dürfen den Garten nur noch genießen«, erklären sie begeistert. Übrigens haben sich beide in die Gartenmaterie selbst eingearbeitet, beruflich waren sie in einer ganz anderen Branche tätig. Seit 25 Jahren beschäftigen sie sich mit ihrer Leidenschaft – welch glückliche Entscheidung. Das Ergebnis spricht für sich!

Oben: Führt dieser Weg in ein Labyrinth aus hohen Gräsern und Stauden? Links vorne blüht das Chinaschilf 'Ferner Osten', überragt von 'Gracillimus'.

Unten: Hier hat Unkraut keine Chance. Vor der Riesenkuppel des Wasserdostes wirken Sonnenbraut, Diamantgras und Weiden-Wolfsmilch fast klein.

Glanzvoll in gedämpftem Licht

Ihr Garten wird für viele Stunden des Tages beschattet? Hohe Bäume oder Gebäude verhindern, dass Sonnenstrahlen die Beete berühren? Betrachten Sie solche Verhältnisse nicht als Manko. Auch lichtärmeren Standorten sind zahlreiche Gräser gewachsen. In Kombination mit Schattenstauden und Farnen zaubern sie spannungsreiche und kontraststarke Gesellschaften in dunkle Gartenecken. Was für ein Genuss an heißen Sommertagen, sich in die kühlen, waldigen Winkel des eigenen Grundstücks zurückzuziehen! Vergessen Sie nicht, hier einen Sommer-Sitzplatz einzurichten.

Waldatmosphäre genießen

Im Schatten von Bäumen und Sträuchern fühlen sich nicht nur Menschen an Hundstagen wohl, vielmehr schätzen allerlei Pflanzenspezialisten diese Umgebung. Wie ein Gang durch heimische Wälder zeigt, gedeihen allerlei Gräser im Wald oder am Gehölzrand. Wanderndes Licht, durch Blätterdächer und Baumkronen gefiltert, lässt nur vereinzelte Sonnenstrahlen durch. Die Luftfeuchtigkeit ist hoch und der Boden meist humos und frisch. Waldgräser, allen voran zahlreiche Seggen, entwickeln sich hier prächtig und bringen mit ihren schmalen Blättern und dem eleganten Wuchs zierliche Akzente ins Grün.

Seggen – von immergrün bis bunt

Die Japan-Segge *(Carex morrowii)* beispielsweise gehört nicht umsonst seit Jahren zu den Stammgästen in Schattengärten. Zwischen großlaubigen, dunklen Rhododendren und filigran gefiederten Farnwedeln lockern ihre Halmschöpfe die Szene auf. Auch Schatten-Segge *(Carex umbrosa)*, Winkel-Segge *(Carex remota)*, Breitband-Segge *(Carex plantaginea)*, Riesen-Segge *(Carex pendula)* und die Wald-Segge *(Carex sylvatica)* machen hier gute Figur. Von etlichen Arten gibt es sogar buntlaubige Sorten, die in den dunklen Gartenpartien als willkommene Aufheller und Muntermacher fungieren (siehe auch Seiten 149). Aber auch viele winter- oder sogar immergrüne Arten gibt es unter den Seggen, die rund ums Jahr für einen schmucken Anstrich sorgen und zudem das Auflaufen von Unkräutern unterdrücken.

Weitere lichtscheue Waldgeister

Als Gesellschafter kann man Seggen weitere charmante Waldgeister an die Seite stellen. Die Wald-Marbel *(Luzula sylvatica)* etwa sowie Haar- und Schnee-Marbel *(Luzula pilosa* und *Luzula nivea)* sind ideal zur Unterpflanzung von Gehölzen. Sie ertragen auch vollen Schatten und sogar Wurzeldruck, solange sie nur in humoser frisch-feuchter Erde stehen. Das Gleiche gilt für das Wald-Flattergras *(Milium effusum)*, das mit seinen schlaff herabhängenden Blättern auf jeden Windhauch

Oben: An heißen Sommertagen schätzt man eine Oase im kühlen Schatten. Gräser wie Bambus und das Japan-Waldgras verbreiten ein wenig Urwaldatmosphäre.

Unten: In absonnigen Lagen, etwa im Gebäudeschatten, lassen sich sogar Prachtstaudenrabatten verwirklichen. Vor der Kulisse aus Chinaschilf blühen hier Herbst-Anemonen und Astern.

reagiert und dadurch sehr zart und empfindsam wirkt. Zwischen großblättrigen Schattenstauden wie Funkien *(Hosta-*Hybriden) kontrastiert es daher besonders apart. Mit 'Aureum' steht davon auch eine gelb-grün panaschierte Form zur Verfügung. Sie wächst jedoch langsamer als die Art und sollte nicht zu dunkel stehen, sondern eher halbschattig.

Ein Grundsatz, der auch für andere buntlaubige Grassorten gilt. Vom Japan-Waldgras *(Hakonechloa macra)* etwa sind fast nur die farbigen Sorten 'Aureola' (mit gelbgrünen Halmen) sowie 'Albostriata' (weiß-grün gestreift) im Handel. Sie entfalten ihre volle Schönheit am besten an halbschattigen Orten.

Für halbschattige und absonnige Plätze

Von halbschattig sprechen Gärtner, wenn Lagen nur vier bis fünf Stunden am Tag der Sonne ausgesetzt sind oder wenn Baumkronen so hoch ansetzen oder so licht sind, dass darunter noch Sonnenstrahlen die Erde erreichen. Am Gehölzrand ist dies oft der Fall. Unter absonnig versteht man Standorte, die nicht von Gehölzen beschattet werden, aber aufgrund ihrer Lage an Nord- oder Ostseiten von Gebäuden keine oder wenig direkte Sonne erhalten. Da hier keine Wurzelkonkurrenz zu Bäumen und Sträuchern besteht, können sogar Prachtstaudenrabatten entstehen. Herbst-Anemonen *(Anemone × hybrida)*, Herbst-Eisenhut *(Aconitum carmichaelii)*, Wald-Glockenblumen *(Campanula latifolia)*, Prachtspieren *(Astilbe-*Hybriden) oder Sterndolden *(Astrantia major)* brillieren hier mit ihren Blüten und können mit Gräser-Schönheiten wie Diamantgras *(Calamagrostis brachytricha)* oder Garten-Reitgras *(C. × acutifolia* 'Karl Foerster') aufgelockert werden.

Für naturnahe Gartenecken im Halbschatten empfiehlt sich zum Beispiel die Rasen-Schmiele *(Deschampsia cespitosa)*. Ihre feinen, duftigen Blütenrispen scheinen regelrecht wie Wolken zu schweben (siehe Seite 36 und 39). Sie wirkt auch großflächig angepflanzt bezaubernd filigran. Natürlichen Charme in halbschattigen Ecken und auf frischen bis feuchten Böden verbreiten auch das Moor-Pfeifengras *(Molinia caerulea)* und das Riesen-Pfeifengras *(Molinia arundinacea)*.

Nicht zuletzt kommen für halbschattige und absonnige Lagen viele Gräser infrage, die zwar am liebsten sonnig stehen, sich aber durchaus mit weniger optimalen Lichtverhältnissen arrangieren. Neben den *Calamagrostis*-Arten gehören dazu auch das Herbst-Kopfgras *(Sesleria autumnalis)*, das Plattährengras *(Chasmantium latifolium)*, das Zotten-Raugras *(Spodiopogon sibiricus)* und das Lampenputzergras *(Pennisetum alopecuroides)*. Die Horste werden mitunter nicht so üppig oder die Blüte fällt weniger prächtig aus als in voller Sonne, insgesamt gedeihen sie auch in weniger besonnten Bereichen gut.

Kontrastreich in Form und Textur

Als Gestaltungsmittel sind Gräser gerade in schattigen Ecken unersetzlich. Im gedämpften Licht gedeihen großlaubige und blattreiche Stauden besonders gerne. Es herrscht oft Dschungelatmosphäre mit Pflanzen wie Wald-Geißbart *(Aruncus dioicus)*, Schaublatt *(Rodgersia*-Arten) oder Kerzen-Knöterich *(Bistorta amplexicaulis)*. Filigrane Grashalme lockern hier mit ihrer Textur das Gesamtbild auf. Auch zwischen Blattschmuckstauden wie Purpurglöckchen *(Heuchera*-Hybriden) oder Funkien *(Hosta*-Hybriden) kontrastieren die vertikal strukturierten haarigen Schöpfe apart. Niedrige Bodendecker, wie Elfenblumen *(Epimedium*-Arten), Lungenkraut *(Pulmonaria officinalis)* oder Taubnesseln *(Lamium maculatum)*, überragen sie oft mit halbkugeligen Horsten und fallen damit ebenfalls dekorativ aus dem Rahmen.

Links: Etliche Gräser beweisen eine relativ hohe Standorttoleranz. Hier gehen Chinaschilf und Japan-Waldgras mit den Kugel-Kronen der Trompetenbäume eine formale Allianz ein.

Oben: Die hoch ansetzende Kugelkrone lässt auf die Baumscheibe noch relativ viel Sonnenstrahlen fallen. Hier läuft das gelbbunte Japan-Waldgras der Sorte 'Aureola' zu Hochform auf.

Schöne Wald- und Schattengräser

Fast alle Gräser dieser Gruppe schätzen humose, gut wasserversorgte Erde. Vor allem unter den Seggen finden sich zahlreiche dekorative Arten für schattige oder halbschattige Plätze (siehe auch Seite 110 und 149). Die meisten dieser Sauergräser sind immergrün oder zumindest wintergrün. Anstelle des kompletten Rückschnitts im Frühjahr genügt es oft, braune Blattspitzen zu entfernen oder abgestorbene Einzelblätter auszukämmen.

Für schattige Plätze

- Die Japan-Segge *(Carex morrowii)* bildet rund 1 cm breite, immergrüne, bogig überhängende Blätter und Horste von etwa 25 bis 35 cm Höhe. Sie wächst lange Zeit fast halbkugelig, erst im Alter wird sie langsam breiter. Im März/April erscheinen unauffällige Blütenstände. Am populärsten sind die weiß gestreiften Sorten 'Variegata' und 'Ice Dance'.
- Die Schatten-Segge *(Carex umbrosa)* treibt aufrecht aus und neigt sich erst später bogig über. Sie bleibt mit ihren immergrünen, sehr schmalen Blättern 20 cm klein und setzt sich auch im Wurzelbereich größerer Bäume durch.
- Die Wald-Marbel *(Luzula sylvatica)* breitet sich über kurze Ausläufer im Lauf der Zeit teppichartig aus. Ihre wintergrünen, mit 2,5 cm relativ breiten Blätter sind am Rand leicht behaart und werden 20 cm hoch. Von Mai bis Juni werden sie von 40 bis 50 cm hohen Blütenstängeln mit bräunlichen Dolden überragt. Die Pflanze behauptet sich auch im Umfeld von Gehölzen.
- Die Schnee-Marbel *(Luzula nivea)* verdankt ihren Namen den weißen Büschelblüten, die von Mai bis Juli an 50 cm hohen Halmen erscheinen.
- Auch das Wald-Flattergras *(Milium effusum)* verträgt Wurzeldruck und breitet sich nach und nach aus. Es wird 30 cm hoch und seine breiten Blätter hängen schlaff herab. Von Mai bis Juli erheben sich lockere Rispen auf 80 cm Höhe.

Für den Halbschatten

- Das Japan-Waldgras *(Hakonechloa macra)* braucht bis zur vollen Prachtentfaltung ein paar Jahre. Es bildet Blattkaskaden von 30 bis 40 cm Höhe, die sich im Herbst orangebraun verfärben. Im Jugendstadium empfiehlt sich in rauen Lagen Winterschutz.
- Die Rasen-Schmiele *(Deschampsia cespitosa)* treibt früh aus und wird etwa 40 cm hoch. Ab Juni erscheinen ihre fein verzweigten Blütenrispen.

Oben links: Die Wald-Marbel gehört zu den heimischen Waldgräsern und wird auch Wald-Hainsimse genannt.

Oben rechts: Schnee-Marbeln – hier über Porzellanblümchen – fallen durch ihre weißen Blütenbüschel auf.

Mitte links: Die Japan-Segge ist mit ihrem breiten Wuchs ein prima Bodendecker für den Schatten.

Unten links: Das Japan-Waldgras der Sorte 'Aureola' überzeugt im Wuchs und in der gelben Maserung der Blätter.

Unten rechts: Ebenfalls heimisch ist das Wald-Flattergras, hier die gelblaubige Gartensorte 'Aureum'.

Für Steppen-, Stein- und Kiesgärten

Liegt es am Klimawandel, der in den vergangenen Jahren vielen Gegenden lange sommerliche Trockenperioden gebracht hat? Oder liegen pflegeleichte Pflanzungen einfach im Trend? Fakt ist, dass immer mehr Gartenbesitzer sich für Pflanzungen begeistern, in denen Asketen und Hungerkünstler die Hauptrolle spielen. Die Natur liefert dazu auch viele Vorbilder: steinige Berghänge, Schotterflächen, mediterrane Landschaften oder sandige Steppen.

Entgegen landläufiger Meinung sind die scheinbar unwirtlichen, trockenen Regionen der Erde keineswegs nur nackt und kahl. Vielmehr weisen sie häufig einen enormen Artenreichtum auf und beherbergen eine Fülle von Standortspezialisten. Während in den Schattenlagen eher großblättrige, laubreiche und sattgrüne Spezies dominieren, sind es in den kargeren Zonen meist feingliedrige Vertreter. Häufig schützen sie sich durch eine Wachsschicht oder Behaarung vor zu hoher Sonneneinstrahlung und Wasserverdunstung, was ihnen zusätzlich eine vornehme silbergraue Optik beschert.

Voraussetzung: rascher Wasserabzug

In der Natur sind es fast immer Gräser, die trockene, sandige, schottrige Flächen als Erste besiedeln. Nicht selten tragen sie sogar mit besonders tiefem oder weit streifendem Wurzelwerk zur Festigung des Untergrundes bei, Dünen- und Strandgräser etwa oder Polstergräser, die sich in den Ritzen von losen Steinhaufen festsetzen. In klassischen Steingärten fanden solche pflanzlichen Überlebenskünstler wohl auch als Erstes ihren gärtnerischen Einsatz. Blau-Schwingel *(Festuca glauca)*, Bärenfellgras *(Festuca gautieri)* und Atlas-Schwingel *(Festuca mairei)* wölben ihre perfekten, halbrunden Buckel genial zwischen die Rundungen der Steine. Dort harmonieren sie mit Polsterstauden, wie Blaukissen *(Aubrieta*-Sorten), Felsen-Steinkraut *(Aurinia saxatilis)* oder Wolfsmilchgewächsen *(Euphorbia*-Arten), während Blaustrahlhafer *(Helictotrichon sempervirens)* seine filigranen Blütenrispen darüber erhebt und bei jedem Windhauch flattern lässt. In den Fugen zwischen den Steinen halten sich Kühle und Feuchtigkeit etwas länger als in Kies- und Steppenbeeten, aber die wichtigste Voraussetzung für Trockengräser und ihre Begleiter ist erfüllt: rascher Wasserabzug im Boden, der keinerlei Staunässe aufkommen lässt.

Das Prinzip Wärmespeicher

Während die beschatteten Fugen nach unten kühlend wirken, heizt sich die sonnenzugewandte Seite der Steine tagsüber kräftig auf. Die Steine speichern die Wärme bis weit in die Nacht hinein und geben sie bei fallenden Temperaturen wieder an ihre Umgebung ab. So gedeihen im Steingarten wärmeliebende Arten wie das feenhafte Engelshaar *(Stipa tenuissima = Nasella tenuissima*, siehe Seite 71) aber auch viele mediterrane Kräuter wie Oregano *(Origanum vulgare)*, Thymian *(Thymus vulgaris)* oder Berg-Bohnenkraut *(Satureja montana)* meist prächtiger als in normalen Beeten.

Rechts: Flauschig weiches Mädchenhaargras *(Stipa pennata)* bildet hier in steiniger Umgebung einen aparten Kontrast zur kratzbürstigen blauen Edeldistel *(Eryngium planum)*.

»Wer nicht das Neue im Garten mitmacht und dadurch das Gefühl hat, ich werde nicht nur getragen, sondern ich trage auch, der kann seinen alten Lieblingspflanzen auch nicht gerade in die Augen sehen.«
Karl Foerster

Das Prinzip der Wärmespeicherung und -abgabe macht man sich auch in Kiesgärten und Kiesbeeten zunutze. Anders als im Steingarten sind die verwendeten Steinchen hier jedoch kleiner, von weitgehend einheitlicher Größe und die bepflanzten Flächen eben. Es bleibt jedoch auch hier viel Oberfläche frei und unbepflanzt, damit sich das mineralische Material aufheizen kann und damit der Charme von karger Steinfläche und zartem Grün erhalten bleibt.

Kies und Co. – die Auswahl macht's

Der Auswahl der passenden Steine kommt deshalb ein wichtige Bedeutung zu, denn sie prägen mit ihrer Farbe und Form ganz wesentlich den Gesamteindruck des Gartens. Steine, die in der Region natürlich vorkommen, stellen in der Regel einen harmonischen Bezug zur Umgebung her. Je nach Architektur des Hauses kann die Wahl aber auch auf anderes Material fallen. Nicht zuletzt hängen von Material und Korngröße auch mechanische Eigenschaften ab:

- Unter Kies versteht man rundliche, gewaschene Steine. Sie rutschen beim Begehen aneinander ab, was das Laufen etwas erschwert.
- Splitt ist gebrochenes Material mit eckigen Kanten, relativ gut zu begehen und daher auch für Wege geeignet. Es gibt ihn in Korngrößen von 2 bis 32 mm.
- Schotter besteht ebenfalls aus gebrochenem, kantigem Material, ist aber gröber.

Je nach Körnung und Schichtdicke fungieren die Steine auch als unkrautunterdrückende Mulchschicht (siehe Seite 147).

Der darunter anstehende Boden ist im Idealfall ebenfalls gut wasserdurchlässig und nicht allzu fett. Notfalls magert man ihn mit Sand oder Kies etwas ab, dann fühlen sich hier die zahlreichen Trockengräser wohl, die auch im Steingarten und Steppengarten gedeihen. Bietet der Untergrund etwas nährstoffreichere und frischere Erde, kann man Kiesbeete auch mit anspruchsvolleren Gräsern bereichern, die dennoch Sonne und Wärme lieben. Rutenhirsen *(Panicum virgatum)* lassen dann ihre Fontänen sprudeln, Lampenputzergräser *(Pennisetum*-Arten) erheben ihre wuscheligen Schöpfe und feuerrotes Japan-Blutgras *(Imperata cylindrica* 'Red Baron') setzt leuchtende Farbsignale.

Oben: In diesem Kiesbeet aus grauem Splitt fühlen sich Purpur-Fetthenne, Lampenputzergras und signalrotes Japan-Blutgras wohl.

Unten links: Euphorbien und Federgräser liegen dieser Tamariske zu Füßen. Geröll und Steine verschiedener Größe geben der Szene ein sehr naturnahes Flair.

Unten rechts: Die mannshohe Distel übernimmt in diesem Kiesgarten die Leitstaudenfunktion. Ihr blaues Laub signalisiert den sonnig-trockenen Standort.

Arten aus sandig-trockenen Steppen

Besondere Überlebenskünstler stammen auch aus Steppengebieten. Lange, heiße Trockenperioden im Sommer und oft eisige Temperaturen im Winter sind Kennzeichen dieser baumlosen Landschaften. Meist sind sie fernab von Ozeanen in innerkontinentalen Gebieten anzutreffen, etwa in West- und Zentralasien. Auf diese schwierigen, meist sandigen, sommertrockenen Standorte haben sich viele Zwiebelblumen spezialisiert. Sie ziehen sich in der Sommerhitze einfach unter die Erde zurück und überlassen das Feld dann den Trockengräsern, -stauden und genügsamen Halbsträuchern. Diese Gesellschaften sind daher auch eine Idealbesetzung für Steppen- und Kiesbeete.

Ein Hauch von Dschingis Khan weht durch den Garten, wenn man z. B. flauschige Federgräser wie *Stipa tenuissima* (= *Nasella tenuissima*), *S. pennata* oder das riesige *S. gigantea* kombiniert mit Bart-Iris (*Iris*-Germanica-Hybriden), Kugel-Lauch *(Allium sphaerocephalon)*, Steppen- oder Königskerzen *(Eremurus*- und *Verbascum*-Arten). Mediterranes Flair erzielt man in Kiesgärten mit blauhalmigen Schönheiten wie Blau-Schwingel *(Festuca glauca)*, Magellan-Blaugras *(Elymus magellanicus* und Blaugrünem Schillergras *(Koeleria glauca)*, die sich stilecht zwischen silbergrauem Salbei *(Salvia officinalis)*, Heiligenkraut *(Santolina chamaecyparissus)*, Woll-Ziest *(Stachys byzantina)* und Lavendel *(Lavandula angustifolia)* einfügen. Und nicht zuletzt kann man sich für Trockenstandorte die Kurzgrasprärien zum Vorbild nehmen, wie sie im Südwesten der USA und Mexiko zu finden sind. Typische Gräser dieser Region pflanzt man dann zusammen mit Stauden wie der Yuccablättrigen Edeldistel *(Eryngium yuccifolium)* oder der Dolch-Palmlilie *(Yucca filamentosa)*.

Ein Mix von schmucken Blüten

Doch muss man sich bei der Auswahl von Gräsern und ihren Begleitern keineswegs zwanghaft an der gemeinsamen Herkunft orientieren. Solange die Standortansprüche gleich sind, darf man dabei getrost nach gestalterischen Gesichts-

punkten mischen: etwa Blütenschönheiten wie Spornblume *(Centranthus ruber)* oder Edeldisteln *(Eryngium*-Arten) mit dekorativ blühenden Gräsern wie Wimper-Perlgras *(Melica ciliata)*, dem Silberährengras *(Stipa calamagrostis)* oder dem Herz-Zittergras *(Briza media)*. Die Ausstrahlung solcher Pflanzungen hat dann echten Zierbeetcharakter. Sie empfehlen sich daher für den Saum sonniger Terrassen oder für den sonnigen Vorgarten. Mit aparten Blütenständen warten auch das Riesen-Zittergras *(Briza maxima)* und die Mähnen-Gerste *(Hordeum jubatum)* auf. Beide gedeihen nur einjährig. Die Lücken, die sie hinterlassen, müssen also im nächsten Jahr neu bepflanzt werden. Dafür darf man sich lange an den schmucken, auflockernden Blüten freuen, die sogar noch in Trockensträußen gute Figur machen.

Neben den oben erwähnten Begleitern gibt es noch eine Fülle weiterer Blütenstauden für sonnig-trockene Pflanzungen Hier einige der schönsten Beispiele:

- Persischer Lauch *(Allium aflatunense)*, 80 cm, Blüte violett im Mai
- Elfenbeindistel *(Eryngium giganteum)*, 80 cm, Blüte silber ab Juli
- Mittelmeer-Wolfsmilch *(Euphorbia characias)*, 80 cm, Blüte gelb ab Mai
- Steppen-Wolfsmilch *(Euphorbia seguieriana)*, 60 cm, Blüte gelb ab Juni
- Katzenminze *(Nepeta × faassenii)*, 40 cm, Blüte lila ab Mai
- Eselsdistel *(Onopordum acanthium)*, 200 cm, Blüte violett ab Juni
- Purpur-Fetthenne *(Sedum telephium)*, 50 cm, Blüte purpur ab August
- Blauraute *(Perovskia atriplicifolia)*, 80 cm, Blüte lila ab Juli.

Links: Bart-Iris sind mit ihren prächtigen Blüten von Mai bis Juli wertvolle Farbträger in Steppen- und Kiesgärten.

Oben: Flausch-Federgras *(Stipa pennata)* umschmeichelt hier zahlreiche Arten von Trockenstauden.

Schönheiten für sonnig-trockene Plätze

Ob Kiesbeet, Steppenpflanzung oder Steingarten, diese Anlagen gelingen nur auf sonnigen Freiflächen und durchlässigen, (mäßig) trockenen, nicht zu nährstoffreichen Böden. Viele Steingartenpflanzen sowie mediterrane Stauden und Halbsträucher bevorzugen kalkhaltige Böden. Dies ist bei der Auswahl der Steine zu berücksichtigen. Vor der Pflanzung solcher Anlagen sind Wurzelunkräuter gründlich zu beseitigen. Samenunkräuter laufen auch in Kiesbeeten – in geringerem Umfang – immer wieder auf und müssen gelegentlich entfernt werden. Gießen muss man nur im Pflanzjahr regelmäßig, bis die trockenheitstoleranten Pflanzen gut angewachsen sind, danach nur noch während anhaltender Hitzeperioden.

Zauberhafte Überlebenskünstler

- Die Gattung der Federgräser *(Stipa)* bietet wohl die größte Auswahl an trockentoleranten Gräsern (siehe Seite 71).
- Auch in der Gruppe der Schwingel *(Festuca)* findet man etliche Arten mit z. T. zahlreichen Sorten. Vom stattlichen Atlas-Schwingel *(F. mairei*, 60/120 cm) bis zu den haarigen, niedrigen Polstern des Bärenfellgrases *(F. gautieri*, 15/40 cm) reicht die Palette. Darunter sind auch farbige Schönheiten wie der igelige Blau-Schwingel *(F. glauca*, 20/40 cm) oder der herbstrote Amethyst-Schwingel *(F. amethystina*, 30/60 cm).
- Vom Zittergras *(Briza)* gibt es ebenfalls mehrere Varianten: Das Riesen-Zittergras *(B. maxima*, 25/40 cm) und das Kleine Zittergras *(B. minor*, mit Blüte 25 cm) wachsen einjährig, das Herz-Zittergras *(B. media*, 20/45 cm) mehrjährig. Alle drei schmücken sich mit herz- bis zapfenförmigen Blütenähren.
- Der Blaustrahlhafer *(Helictotrichon sempervirens)* besticht mit grazilen, blaugrünen Halmen von 40 cm Höhe, die ab Juni von 120 cm hohen Blütenstängeln mit haferähnlichen Rispen überragt werden.
- Das Wimper-Perlgras *(Melica ciliata)* treibt früh aus und schmückt seine 30 cm hohen Blatthorste schon ab Mai mit 15 cm langen, cremeweißen, zylinderförmigen Ähren, die an 50 cm hohen Stängeln baumeln.
- Das Herbst-Kopfgras *(Sesleria autumnalis)* bildet kuppelartige, hellgrüne Blattschöpfe von 30 cm Höhe und ab September 50 cm hohe Blütenstängel mit cremefarbenen Ähren.

Darüber hinaus gibt es unter den blau- bis graulaubigen Gräsern noch weitere Asketen für trockene Standorte.

Oben links: Die Elfenbeindistel mit ihren glanzvollen silbrigen, stacheligen Hüllblättern blüht von Juli bis August.

Oben rechts: Fackellilien *(Kniphofia*-Hybriden) blühen von unten nach oben auf; sie werden 60 bis 140 cm hoch.

Mitte links: Die mediterrane Spornblume wächst sogar in Mauerfugen, wird 50 bis 80 cm hoch und blüht von Mai bis Oktober.

Unten links: Die dicken zylinderförmigen Ähren des Wimper-Perlgrases hängen elegant über.

Unten rechts: Steht unter der Splittschicht kein allzu magerer Boden an, gedeihen auch Rutenhirsen im Kiesbeet.

Ein brillanter Felsengarten mit Gräsern

Alles, nur keinen Rasen, lautete die Vorgabe des Besitzers. Auf regelmäßiges schweißtreibendes Mäherschieben auf einem knapp 1 000 qm großen Grundstück hatte er keinerlei Lust. Der neue Garten sollte pflegeleicht sein. Die Dame des Hauses wiederum hegt eine tiefe Abneigung gegenüber der Farbe Rosa. Diese bei der Pflanzenauswahl zu vermeiden war eine weitere Bedingung. Stattdessen sollten Orange, Rot, Weiß und Blau das Bild prägen.

Wie ein ausgetrocknetes Flussbett

Nachdem das zunächst beauftragte Gartenbauunternehmen an diesen Vorgaben gescheitert war, brachte die Firma Crämer und Wollweber die zündende Idee ins Spiel: Da die etwa 470 m^2 große Gartenfläche hinter dem Haus im Anschluss an die beiden Terrassen leicht abschüssig verläuft und stark besonnt wird, sollte die Gestaltung einem ausgetrockneten Flussbett nachempfunden werden, das dem Gefälle folgt. Felsen, Steine, Schotter und Splitt statt Rasenflächen würden den Boden zwischen den Pflanzen bedecken. Mit der Auswahl der Stauden und Gehölze für diesen sehr speziellen Standort beauftragte man die Spezialistin Iris Ney.

»Mir gefiel die Idee von Anfang an«, erinnert sich die Gartengestalterin. »Die tagsüber besonnten Steine geben nachts viel Strahlungswärme ab.« Umso mehr, als man sich für anthrazitfarbenes Basaltgestein entschied, das sich schon aufgrund der dunklen Farbe in der Hitze besonders stark erwärmt. Es schafft das ideale Umfeld für wärmeliebende Pflanzen. Mediterrane Kräuter und trockenheitstole-

Links: Im Vordergrund verbreiten Thymian und das Berg-Bohnenkraut Mittelmeerflair. Am anderen »Flussufer« schießen die Fontänen von Rutenhirse und Engelshaar auf.

»Federgräser mit ihren feinen Blütenständen haben etwas Strahlendes, sie fangen das Licht ein und sehen aus, als wäre Gold vom Himmel gefallen.«

Iris Ney

rante Gräser waren daher für Iris Ney erste Wahl. Engelshaar *(Stipa tenuissima = Nasella tenuissima)* und Riesen-Federgras *(Stipa gigantea)* zieren diesen Gartenteil heute. »Diese *Stipa*-Arten sind meine Lieblingsgräser«, schwärmt sie, »sie fangen gewissermaßen mit ihren fedrigen Blütenständen das Licht ein wie keine andere Pflanze. Das Riesen-Federgras erstrahlt sogar auf Augenhöhe, was im Gegenlicht besonders effektvoll aussieht.« Begleitet werden die filigranen Schönheiten von der stattlichen Rutenhirse *(Panicum virgatum)* 'Cloud Nine', dem Riesen-Pfeifengras *(Molinia arundinacea)*, grazilen Prachtkerzen *(Gaura lindheimeri)* und zahlreichen aromatischen Kräutern wie Berg-Bohnenkraut *(Satureja montana)*, Thymian *(Thymus vulgaris)* und Lavendel *(Lavandula angustifolia)*. Am Ende des Grundstücks ergießt sich das »Flussbett« in die angrenzende offene Landschaft.

Rund ums Haus geometrische Formen

Je näher man dem Wohngebäude kommt, desto mehr gehen die naturnahen Strukturen in klare geometrische Linien über. Rund ums Haus führt ein Weg aus hellen quadratischen, 1 m^2 großen Sichtbetonplatten, die sich deutlich vom dunklen Edelsplit abheben, der sonst die Wege befestigt. Die obere Terrasse besteht aus einem rechteckigen Holzdeck, das die eckigen, puristischen Formen des Hauses aufgreift. Unterhalb schließt sich eine zweite, tiefer gelegene Terrasse an, die den Ausgang der Sauna umgibt. Sie wird von einer in Form geschnittenen

Oben: Ein Holzdeck ist die Basis der oberen Terrasse vor den Wohnräumen. Ihr zu Füßen liegen mediterrane Kräuter, die hohe Rutenhirse 'Cloud Nine' rechts sorgt für Sichtschutz.

Unten: Tritt man aus der Sauna, gelangt man auf die untere Terrasse. Schwarzlaubiger Schlangenbart und eine Eibenhecke vermitteln Kühle, Funkien setzen Glanzlichter.

Eibenhecke *(Taxus baccata)* umrahmt, die perfekten Sichtschutz spendet. Ihre dunkle Farbe, unterstützt von schwarzlaubigem Schlangenbart *(Ophiopogon planiscapus* 'Niger'), der dort gepflanzt ist, kühlt die erhitzten Saunagänger angenehm ab. Vor der Stützmauer zur oberen Terrasse führt Schwarzrohrbambus *(Phyllostachys nigra)* mit seinen dunklen Stängeln vor der hellen Wand die Farbe fort und toppt das Ganze mit seinem hellen frischgrünen Laub, das mit zwei Weißrand-Funkien *(Hosta* 'Tom Schmid') im Kübel korrespondiert. Durch einen schmalen Heckendurchgang kann der Blick ins sonnig heiße, trockene »Flussbett« hinausschweifen – ein brillanter Hell-Dunkel-Kontrast.

Gehölze als Rahmen und Farbgeber

Am oberen Grundstücksende spendet eine Hänge-Hainbuche *(Carpinus betulus* 'Pendula') Schatten. Darunter laden zwei flache Felsbrocken zum Niederlassen ein. Entlang der Grenze zum Nachbargrundstück sorgt eine Reihe aus Glanzmispeln *(Photinia × fraseri* 'Red Robin') für Sichtschutz. Ihr leuchtend roter frischer Austrieb, der später ins Kupferfarbene changiert, fügt sich ideal ins gewünschte Farbschema der Hausherrin. Im Herbst fallen ein Rot-Ahorn *(Acer rubrum)*, ein Goldblasenbaum *(Koelreuteria paniculata)* und mehrere Perückensträucher *(Cotinus coggygria)* mit feurigen Blätterkleidern in die gelb-orange-rote Sinfonie mit ein. Verschiedene Hartriegel *(Cornus sanguinea* und *Cornus alba)* am Grundstücksende setzen ebenfalls Farbakzente. Mit ihrer farbigen Rinde kolorieren sie sogar den Winter.

Basalt als Passepartout

Vor fünf Jahren wurde der Garten angelegt. Im März 2008 rückten zunächst Bagger und Kräne an, um 92 t Basaltsteine zu verteilen. Größere Felsbrocken wurden auch zum Abstützen des Hanges verwendet anstelle einer gemauerten Wand. Dann arrangierte man große und mittlere zum »Flussbett«, kleinere Steine (Körnung K1) bedecken die Flächen, in die im Herbst 2008 die Pflanzen gesetzt wurden. Sie erst verwandelten die zunächst etwas schroff wirkende Gestaltung in das lebendige Paradies, das es heute ist. »Nach Sommerregen explodiert hier alles«, begeistert sich der Hausherr, »der dunkle Basalt schimmert dann fast schwarz und bringt wie ein Passepartout alle Pflanzenfarben zum Leuchten. Wir sitzen dann gerne auf den zwei Felsen unter der Hänge-Hainbuche und genießen das Schauspiel.«

EXPERTIN IRIS NEY

Im Jahr 2007 machte sich Iris Ney als Gartengestalterin selbstständig. Sie arbeitet gerne mit Gräsern und Stauden. Für Steingärten wie diesen empfiehlt sie eine Mulchschicht von 7 bis 10 cm Dicke aus verzahnenden Steinen z. B. der Körnung 8 bis 11 mm ohne Sandanteil. Dies verhindert das Auflaufen von Unkräutern weitgehend und die wenigen, die noch keimen, lassen sich leicht herausziehen.

Links: Die Glanzmispel-Hecke wird untermalt von einer Zeile aus gelblaubigem Japan-Waldgras.

Oben: Aus der Nähe betrachtet, weist der Basalt auch rötliche Schattierungen auf und fügt sich damit perfekt ins warme Farbspiel der herbstlich rot verfärbten Stauden und Gräser.

Farbenfrohe Gräsergärten

Farbe im Garten assoziiert man in erster Linie mit Blüten. Leuchtkräftige Prachtstauden und kunterbunte Sommerblumen setzen die Highlights und ziehen die Aufmerksamkeit in aller Regel zunächst auf sich. Doch ihre Glanzzeit ist meist nur von kurzer Dauer, während farbige Blattschmuckpflanzen deutlich mehr Durchhaltevermögen beweisen. Schließlich bleibt ihr Laub während der ganzen Saison präsent – vom Austrieb bis zum Absterben mit dem ersten Frost. Gerne wird übersehen, dass nicht nur großlaubige Funkien und etliche panaschierte Kräutersorten farbenfroh grünen. Gerade unter den Gräsern gibt es viele auffällig gefärbte Formen. Mit ihrer senkrechten Struktur und den schmalen Halmen kolorieren sie den Garten sogar mit besonders eleganter Linie.

Blau – kühl und vornehm

Ausnehmend vornehm wirken vor allem die grau- und blaulaubigen Gräser. Wie bereits beschrieben, findet man sie häufig unter den Bewohnern trocken heißer Standorte (siehe Seite 140). Ihre Ausstrahlung im Garten fällt dagegen eher kühl romantisch aus. Blau und Grau vergrößern optisch die Distanzen, entziehen sich dem Blick. Eine Einfassung aus lauter graublauen Igelköpfen des Blau-Schwingels *(Festuca glauca)* lässt ein Beet in der Dämmerung optisch geradezu schweben, weil es die Konturen verwischt. Auch das Blaugrüne Schillergras *(Koeleria glauca)* lässt sich als Beetsaum verwenden. Bei der Sorte 'Coolio' ist die graue Blattfarbe am stärksten ausgeprägt.

Ätherische Bilder erzielt man auch mit den grazilen, hohen Halmen des Blaustrahlhafers *(Helictotrichon sempervirens)*, die sich wie ein feines Gespinst zwischen ihre Staudenbegleiter weben. Weiß oder rosa blühende Begleiter umschmeicheln sie besonders apart, weil sie ebenfalls im kühlen Farbspektrum bleiben. Das lässt Romantikerherzen höherschlagen. Mit deutlich breiteren Halmen und buschigerem Wuchs setzt das Magellan-Blaugras *(Elymus magellanicus)* metallischen Schimmer ins Beet. Es gehört zu den Newcomern unter den Gräsern, macht aber gerade steile Karriere. In Kiesgärten setzt man damit tolle Kontraste. Auf hellen Steinen verbreitet es eine Atmosphäre von Strand und Meer, auf dunklem Splitt wirkt es wie vom Designer arrangiert. Nicht zuletzt gibt es von vielen grünen Gräsern blaulaubige Sorten, etwa die *Schizachyrium*-Sorte 'The Blues' (siehe Seite 65) oder die zahlreichen blauen *Panicum virgatum*-Formen, wie 'Cloud Nine' oder 'Heavy Metal' (siehe Seite 61).

Rot – temperamentvoll und kräftig

Völlig gegenteilig ist die Wirkung der Farbe Rot. Kein anderer Farbton hat solche Signalwirkung! Rot drängt sich immer in

Oben: Eine heiß-kalte Liaison gehen hier das stahlblaue Kleine Präriegras *(Schizachyrium scoparium)* 'The Blues' und das feuerrote Japan-Blutgras *(Imperata cylindrica)* 'Red Baron' ein.

Unten: Die cremeweiß gestreiften Blätter des Rohr-Glanzgrases *(Phalaris arundinacea)* der Sorte 'Versicolor' wirken in dieser Pflanzung auch an trüben Tagen wie Sonnenstrahlen.

»Man kann alle Gräser ohne andere Rücksicht nach reinen Schmuckgesetzen auf ihre Farbtöne hin zusammenstellen.«

Karl Foerster

den Vordergrund, zieht die Aufmerksamkeit auf sich und kommt wie ein Paukenschlag daher. Das auffälligste Rot unter den Gräsern hat zweifelsohne das Japan-Blutgras *(Imperata cylindrica)* der Sorte 'Red Baron', es macht seinem Namen wirklich alle Ehre. Seine linealischen Blätter werden 20 bis 30 cm hoch, stehen aufrecht und sind im Austrieb nur an den Spitzen rötlich überhaucht. Doch im Laufe der Saison röten sie mehr und mehr nach, bis sie fast gänzlich blutrot erglühen. Blüten entwickelt die aus Japan stammende Schönheit in unseren Breiten fast nie, in rauen Lagen benötigt sie sogar etwas Winterschutz aus trockenem Laub und Reisig. Zu intensiv rot blühenden Begleitern, wie Zinnien *(Zinnia elegans)*, Sonnenbräuten *(Helenium*-Hybriden) oder Fetthennen *(Sedum telephium)*, bildet der »Rote Baron« eine geniale Untermalung. An sonnigen Plätzen entwickelt er sein temperamentvollstes Rot, gedeiht aber auch noch in halbschattigen Lagen. Dort geht er z. B. mit Purpurglöckchen *(Heuchera*-Hybriden) feurige Ton-in-Ton-Verbindungen ein. Im Herbst entfalten etliche Rutenhirsen *(Panicum virgatum)* ähnlich flammende Rottöne, z. B. 'Rotstrahlbusch' oder 'Shenandoah', sie unterstützen das Japan-Blutgras dann wunderbar.

Purpur – dramatisch und leidenschaftlich

Noch dunkler und wuchtiger inszenieren sich einige Formen von *Pennisetum*. Weinrot, fast schon schwarz gefärbt sind die breiten Blätter der Purpur-Perlhirse *(Pennisetum glaucum)* 'Purple Majesty'. Dank dieser magisch dunklen Farbe und ihrer stattlichen Höhe ist ihr Auftritt im Garten immer hochdramatisch und sehr wuchtig. Ihre Gestalt erinnert an Mais, ihre ebenfalls purpurnen Blütenkolben stehen jedoch aufrecht. Etwas kleiner und mit schmalerem Laub und schlankeren, bogig überhängenden Blütenähren eleganter erscheint das Purpur-Lampenputzergras *(P. × advena = P. setaceum)* 'Rubrum'. Es fügt sich harmonisch in Pflanzungen ein und passt wegen seiner rosa bis purpur überhauchten Ähren gut zu rosablühenden Partnern. Beide Gräser gedeihen bei uns nur einjährig und setzen auch als Kübelpflanzen tolle Akzente.

Kupferfarben – die ungewöhnliche Note

Als Hingucker ganz anderer Art fungieren einige Seggen-Arten aus Neuseeland. Ihr »Haarkleid« besteht aus sehr schmalen feinen Blättern, die sich ganzjährig kupfer- oder bronzefarben

Oben links: Neuseeland-Seggen *(Carex*-Arten) bringen extravagante Kupfer- und Bronzetöne ins Beet.

Oben rechts: Ein Lichtblick am dunklen Gehölzrand! Das Japan-Waldgras *(Hakonechloa macra)* 'Aureola' hellt die Szene heiter auf.

Unten: Diese temperamentvolle Melange bilden die niedrige Rutenhirse *(Panicum virgatum)* 'Kurt Blümel' und die Fetthenne *(Sedum*-Hybride) 'Matrona'.

»Ungefeiert sind nicht nur die Farben der Gräser und deren Zusammenklang, sondern auch die Sicherheit, mit der die Büsche ihre leise Farbenschönheit ohne Wassernachhilfe ungemindert durch die trockensten Monate tragen.«

Karl Foerster

bis bräunlich zeigen. Beim ersten Hinsehen bleibt das Auge oft hängen und man fragt sich, ob hier der Herbst partiell schon Einzug gehalten hat oder das Gras gar abgestorben ist. Doch die Horste sind quicklebendig und bringen, mit Fingerspitzengefühl kombiniert, die besondere Not in den Garten. Gerade Präriepflanzungen, in denen warme Gelb-, Orange- und Rottöne vorherrschen, verleihen Fuchsrote Segge *(Carex buchananii)*, Neuseeland-Haar-Segge *(Carex comans)* und Orangefarbene Neuseeland-Segge *(Carex testacea)* mit ihren Bronzetönen den letzten Schliff. Aber auch zwischen purpurlaubigen Begleitern kommen sie mit ihrem morbiden Charme gut zur Geltung.

Gelb – sonnig und heiter

Erfrischend, spritzig und heiter empfinden wir dagegen gelbe Laubnuancen. Sie suggerieren Frühling, Saisonstart und Aufbruch ins neue Leben. Sie lassen die Sonne scheinen, auch wenn es draußen mal wieder trüb ist. Besonders wertvolle Gestaltungsmittel sind gelblaubige Pflanzen daher im Schatten. Wie gut, das gerade unter den schattentoleranten Gräsern etliche »Lichtgestalten« zu finden sind. Die Gold-Marbel *(Luzula sylvatica)* 'Aurea' zum Beispiel schmückt sich mit 2,5 cm breiten, einheitlich gelbgrünen Blättern und hellt damit den Gehölzrand auf.

Gemustert und gestreift

In der Regel entdeckt man jedoch bei genauem Hinsehen, dass die gelbe Blattfarbe streng genommen aus abwechselnd grünen und gelben Partien besteht – »panaschiert« nennt das der Experte. Bei den Gräsern verläuft die Maserung meist in Längsstreifen. Bei sehr schmallaubigen, wie etwa der Gold-Segge *(Carex elata)* 'Aurea', sind die Linien jedoch kaum zu unterscheiden, sodass sie aus der Entfernung betrachtet einfarbig gelb wirken. Auf breiteren Blattspreiten, wie bei der gelben Form des Japan-Waldgrases *(Hakonechloa macra* 'Aureola'), setzt sich das Muster deutlicher ab – ein zusätzlicher Reiz.

Beide fungieren als belebende Glanzlichter in lichtschattigen oder halbschattigen Ecken. Etwas mehr Sonne schätzt das Goldleistengras *(Spartina pectinata)* 'Aureomarginata', das seine Blätter mit schmalen goldgelben Streifen einrahmt. Da es frische bis feuchte Böden bevorzugt, lässt es sich gut mit gelb blühendem Gold-Felberich *(Lysimachia punctata)* oder Frauenmantel *(Alchemilla mollis)* vergesellschaften. Aber auch unter richtigen Sonnenanbetern finden sich gelb panaschierte Formen. Aparte Längsstreifen schmücken etwa die Chinaschilf-Sorte *(Miscanthus sinensis)* 'Goldfeder', während 'Zebrinus', 'Strictus' und 'Hinjo' mit gelben Querstreifen fast

Links: Die Chinaschilf-Sorte *(Miscanthus sinensis)* 'Blütenwunder' steuert auch über ihre kräftig rotbraunen Stängel Farbe bei. Sie blüht auch in kalten Regionen zuverlässig.

Rechts: Das Chinaschilf 'Hinjo' ist eine von mehreren quer gestreiften Sorten; bekannter sind 'Strictus' und 'Zebrinus'. Das gelbe Muster auf den schmalen Blättern wirkt von fern fast wie getüpfelt.

wie getüpfelt aussehen. In Verbindung mit gelb blühenden Stauden, wie Sonnenauge *(Heliopsis helianthoides)* oder Sonnenbraut *(Helenium*-Hybriden) vergolden sie jede Rabatte, mit Blaublütern wie Rittersporn *(Delphinium*-Hybriden) kontrastieren sie lebhaft.

Weiß panaschierte Gräser-Formen

Noch häufiger als gelbe Streifen treten weiße oder cremefarbene auf. Die hellen Blattpartien enthalten kein Chlorophyll und sind daher nicht an der Fotosynthese beteiligt. Weiß panaschierte Sorten wachsen daher meist etwas schwächer als die grünen Grundformen. Von ihrer gestalterischen Wirkung her sind sie ähnlich zu verwenden wie gelb gemusterte Varianten. Sie hellen Pflanzungen und Schattenpartien auf, harmonieren hervorragend zu weiß blühenden Partnern oder zu weiß panaschierten Blattschmuckstauden wie etwa Funkien. Die Auswahl an Sorten ist hier noch größer und reicht von »Schattengestalten« bis zu Sonnenanbetern, von Riesen bis zu Zwergen.

Eine Auswahl farbiger Gräser

Die Ausprägung der Blattfarbe hängt immer auch vom Standort und von der Witterung ab. Einfarbig blaue oder rote Gräser prägen unter hoher Sonneneinstrahlung in der Regel intensivere Tönungen aus. Lichtmangel lässt sie eher vergrünen. Nachfolgend eine Auswahl der schönsten farbigen Gräser:

- **Stahlblau:** Das Magellan-Blaugras *(Elymus magellanicus)* wird 40 bis 50 cm hoch und ist in wintermilden Gebieten immergrün. Das Blaugrüne Schillergras *(Koeleria glauca)* bildet 15 cm kleine Schöpfe und 40 cm hohe Blütenstängel. Es färbt im Herbst gelb.
- **Rot und purpur:** Das Japan-Blutgras *(Imperata cylindrica)* 'Red Baron' (20 bis 30 cm hoch) mag frischen bis feuchten, nährstoffreichen Boden und einen warmen Platz an der Sonne oder im lichten Schatten. Die einjährige Purpur-Perlhirse *(Pennisetum glaucum)* 'Purple Majesty' wird 100 bis 170 cm hoch, das Purpur-Lampenputzergras *(Pennisetum × advena* 'Rubrum' 80 bis 120 cm. Beide lieben vollsonnige, warme Plätze auf durchlässigen Böden.

- **Kupferfarben und braun:** Neuseeland-Seggen brauen alle eine reichliche Wasserversorgung, vertragen aber dennoch keinerlei Staunässe. Durchlässige, aber frische bis feuchte, nährstoffreiche Böden sind ideal. Der Standort sollte warm, geschützt und sonnig sein. *Carex comans* (hellbraun bis bronzefarben, 30 bis 40 cm hoch) deckt man nach den ersten Frösten mit trockenem Laub und Reisig ab. *Carex buchananii* (40 bis 50 cm) ist wintergrün und von fuchsroter Farbe. *Carex testacea* (orange bis kupferfarben, 40 bis 60 cm) übersteht auch Trockenperioden.

Unter den panaschierten Gräsern gibt es schatten- und lichtliebende Arten. Grundsätzlich gilt jedoch, dass diese Sorten besser nicht an extreme Standorte gesetzt werden. Das heißt: Erstere besser in den Halbschatten; stehen sie zu dunkel, kümmern oder vergrünen sie. Und letztere nicht in die pralle Sonne, sonst leiden die Blätter schnell unter Sonnenbrand. Neben den vorgestellten Sorten sind empfehlenswert:

- **Für den Schatten:** Weißgrün sind *Carex morrowii* 'Variegata' und 'Ice Dance' (beide 30 bis 40 cm), *Carex conica* 'Snowline', *Carex siderosticha* 'Variegata' und *Carex* 'Silver Scepter' (alle drei 20 bis 30 cm). *Carex ornithopoda* 'Variegata' wird nur 15 bis 20 cm hoch und *Carex oshimensis* 'Evergold' (20 bis 30 cm) strahlt gelbgrün. *Hakonechloa macra* 'Albostriata' (30 bis 40 cm) und *Milium effusum* 'Variegata' (30 cm) sind ebenfalls weißgrüne Sorten.
- **Für die Sonne:** Weißgrün leuchten *Arundo donax* 'Versicolor' (bis 300 cm), *Calamagrostis × acutifolia* 'Overdam' (60/150 cm), *Miscanthus sinensis* 'Morning Light' (120 cm) und 'Variegatus' (170 cm).

Links: Eine spektakuläre Erscheinung ist das Purpur-Lampenputzergras *(Pennisetum × advena* 'Rubrum') mit schwarzroten Blättern und rosa überhauchten, flauschigen Blüten.

Oben: Manche Chinaschilf-Sorten *(Miscanthus sinensis)* schmücken sich so überreich mit Blüten, dass sie sich im Herbst in farbige Kuppeln verwandeln.

Gräser im großen Herbst- und Winterfinale

Die schönste Zeit des Jahres – für Gräsergärtner beginnt sie eindeutig erst im Spätsommer und Frühherbst. Denn viele Arten, etwa die Präriegräser, aber auch solche aus anderen Regionen der Erde, laufen dann erst zu Topform auf. Sie treiben im Frühjahr spät aus und brauchen für gutes Wachstum Wärme. Deshalb legen sie meist erst im Juni mit dem Aufbau ihrer Blätter und Horste richtig zu. Bis die ersten zarten Blütenstängel sprießen, ist es dann oft schon Ende August oder gar September. Dann jedoch sind sie mit ihren buschigen, fedrigen oder grazilen Blütenständen echte Hingucker. Natürlich gibt es auch Ausnahmen, etwa das früh austreibende Garten-Reitgras *(Calamagrostis × acutifolia* 'Karl Foerster'). Es bildet seine lockeren, weit aufgespreizten Blütenrispen bereits im Frühsommer. Richtig auffällig werden aber auch sie erst im Herbst, wenn sie sich mit zunehmender Reife in schmale ockerbraune Samenstände verwandeln.

Flauschige Blüten- und Samenstände

Wuchtig und massiv sind nur die wenigsten Blütenstände, etwa die maisähnlichen Kolben der Purpur-Perlhirse *(Pennisetum glaucum* 'Purple Majesty'). Meist fallen die Gräserblüten locker und luftig aus, bilden flauschige Büschel oder verzweigte Rispen in gedeckten Farben. Da Süßgräser Windbestäuber sind, sind sie auf kräftige, insektenanlockende Farben nicht angewiesen, wohl aber auf Samen voller Leichtigkeit und von guter Flugfähigkeit. Dennoch fallen einige Grasarten durchaus durch äußerst dekorative und voluminöse Blüten auf. Viele Chinaschilfarten *(Miscanthus sinensis)* bilden riesige Federbüschel an den Enden ihrer Blütenstängel und das in so großer Zahl, dass sie die mächtigen Horste in einen silberweißen »Heiligenschein« einhüllen oder – je nach Sorte – in eine rotbraune Aura. Auch Diamantgras *(Calamagrostis brachytricha)*, Silber-Ährengras *(Stipa calamagrostis)* oder Lampenputzergras *(Pennisetum alopecuroides)* brillieren mit dicken, langen und dennoch weich wirkenden Blütenständen. Nicht umsonst werden sie auch als echte Rabattenstars verwendet.

Schmeichelhafte Blühpartner

Wie Fontänen, die am Ende in schäumende Gischt übergehen, wirken sie im Gegenlicht. Besonders effektvoll schießen sie dann zwischen Prachtstauden hervor, die ihren Blütenhöhepunkt ebenfalls im Herbst haben. Astern *(Aster*-Hybriden) etwa, Herbst-Anemonen *(Anemone × hybrida)*, Goldruten *(Solidago*-Hybriden), Sonnenhut *(Rudbeckia*-Arten) und Fetthennen *(Sedum*-Arten) sind klassische Partner. Auch Dahlien *(Dahlia*-Hybriden) können im Beet schmeichelhafte Begleiter sein, insbesondere einfachblühende, die mit ihren ungefüllten Blüten natürlichen Charme ausstrahlen. Ihre Knollen müssen jedoch im Herbst ausgegraben und in Haus oder Keller frostfrei überwintert werden.

Oben: Die spektakulären Blütenstände des Chinaschilfs erinnern an die duftigen Federbüschel von Sambatänzerinnen. Hier überragen sie violette Astern und burgunderfarbene Fetthennen.

Unten: Herbstschönheiten wie die »rothaarige« Rutenhirse 'Rotstrahlbusch', Lampenputzergras und Fetthennen der Sorte 'Matrona' lassen den Saisonausklang zauberhaft erröten.

Gräser mit sehr filigranen Blütenständen, wie Rutenhirsen *(Panicum virgatum)* oder Federgräser *(Stipa*-Arten), wirken durch die Menge zierend. Wie eine Wolke schwebt die Blütenetage dann über der Pflanzung oder unterlegt sie mit einem im Wind wogenden Meer aus biegsamem Flaum. Die begleitenden Pflanzen werden umgarnt und miteinander verwoben, als würde sie ein Schleier umwehen oder ein feines Gespinst umgarnen. Streut man Blütenpflanzen sparsam ein, verbreiten solche Pflanzungen natürliches Flair.

Farbe für den Herbst

Der Übergang von Blüten- in Samenstände ist bei Gräsern fließend und wird oft gar nicht bewusst wahrgenommen. Bei manchen vollzieht sich ein Farbwandel dabei – aus grünen Rispen werden dann gelbe, ockerfarbene oder braune. Beim Riesen-Pfeifengras *(Molinia arundinacea)* nehmen sogar die Stängel eine goldgelbe Tönung an und heben sich dann spektakulär vor dunklen Hintergründen wie Eibenhecken ab. Bei anderen wiederum färben sich nicht nur Samenstände und Stängel, sondern auch das Laub um. Mit gelben, orangefarbenen und roten Blättern machen viele Gräser dann Bäumen und Sträuchern farbliche Konkurrenz. Gerade unter den Präriegräsern finden sich viele temperamentvolle Herbst-Schönheiten. Filigrane wie das Kleine Präriegras *(Schizachyrium scoparium*, siehe Seite 65) oder das Tautropfengras *(Sporobolus heterolepis*, siehe Seite 69), aber auch stattliche wie der Große Blauhalm *(Andropogon gerardii)* oder das Plattährengras *(Chasmanthium latifolium)* lassen ihre schlanken Blätter dann in Gold, Kupfer und Weinrot changieren. Spektakuläre Rotnuancen bringen Rutenhirsen *(Panicum virgatum*, siehe Seite 61) ein. Sorten wie 'Rotstrahlbusch', Hänse Herms', 'Shenandoah' oder 'Heiliger Hain' sind die »Rothäute« ihrer Gattung und tragen ganz wesentlich zum typischen Indian-Summer-Flair von Präriegärten bei.

Morbider Charme des Vergänglichen

Fast Ton-in-Ton fügen sich dann verbräunte Staudenstängel oder eingetrocknete Blütenreste ins Bild und zaubern morbi-

den Charme. Sonnenhüte wie *Rudbeckia fulgida* var. *deamii* und *Echinacea*-Arten lassen ihre kuppelförmige Blütenmitte noch weit in den Winter hinein stehen und leisten den Gräsern damit reizende Gesellschaft. Doch nicht nur die Amerikaner heizen mit feurigen Farben Pflanzengesellschaften ein. Viele Chinaschilf-Sorten stehen ihnen nicht nach, 'Ferner Osten' etwa oder 'Kaskade' glühen ebenfalls kupferorange und Lampenputzergras *(Pennisetum alopecuroides*, siehe Seite 63) wärmt mit goldenen Blatthorsten die Atmosphäre auf. Darüber hinaus erzielt man auch mit manch wenig bekanntem rothaarigem Schopf Aufmerksamkeit. Das südafrikanische Gekrümmte Liebesgras *(Eragrostis curvula)* zum Beispiel trägt rote Strähnen und violettrosa Blütenschleier. Auch der Amethyst-Schwingel *(Festuca amethystina)* koloriert ab Juni bereits mit kupferfarbenen Blütenstängeln seine blaugrünen halbkugeligen Horste, nach der Blüte färben sich seine Blätter rötlich um.

Die Herbstfärbung der Gräser unterliegt wie auch die der Gehölze natürlichen Schwankungen. An sonnigen Standorten fällt sie intensiver aus als an halbschattigen. Der jährliche Witterungsverlauf beeinflusst ebenfalls die Ausprägung, einem feurigen Herbst kann ein relativ blasser folgen, wenn sich das Wetter kühl und regnerisch zeigt. Mit den ersten Frösten sterben sommergrüne Gräser wie auch alle anderen Stauden oberirdisch ab und trocknen ein. Die Blätter und Halme vergilben oder verbräunen dann meist, sehen aber auch in diesem Zustand immer noch attraktiv aus.

Links: Herbst im Präriegarten – bunt verfärbte Gräser wetteifern mit den Blütenfarben der letzten Stauden um Aufmerksamkeit. Dazwischen setzen die Samenstände verblühter Stauden dunkle Kleckse in Szene.

Oben: Hier ist der Farbkontrast umgekehrt und das rotbraune Plattährengras bringt die herbstlich verfärbte Amsonie erst richtig zum Leuchten; rechts des Weges glühen Fetthennen in Rot.

Gräsergarten-Praxis: Im Winter stehen lassen

Wer einmal durch einen winterlichen Gräsergarten gegangen ist, dem erschließt sich die wichtigste Pflegeregel sofort: die Horste im Herbst stehen lassen und erst am Winterende zurückschneiden! Die eingetrockneten Halme, die fedrigen Samenstände und selbst die rascheltrockenen schmalen Blätter sind brillante Raureiffänger. An ihren feinen Strukturen verfangen sich Tropfen, Raureifkristalle und Schnee und zeichnen die grazilen Linien mit weißem »Stift« nach. Wenn sich die Sonnenstrahlen daran brechen, entstehen so märchenhafte glitzernde Winterbilder. Wie eine Zuckerbäckerlandschaft wirkt der Garten dann – und alles andere als kahl.

Wie eingefrorene Fontänen

Durch die senkrechte Ausrichtung der eisbesetzten Gräser und Halme erinnern ihre Silhouetten an eingefrorene Wasserspiele, hohe Arten wie Chinaschilf an riesige Fontänen. Sie gewähren im Übrigen auch im Winter noch Sichtschutz vor fremdem Einblick. Niedrigere wie der Atlas-Schwingel *(Festuca mairei)* mimen sprudelnde Springbrunnen vor. Vor dunklen immergrünen Heckenwänden malen sie jetzt tolle Bilder mit interessanten Hell-Dunkel-Kontrasten. Noch in diesem frostigen Zustand kontrastieren sie spannungsreich zu manchen Stauden, deren Samenstände ebenfalls überwintern dürfen. Die breiten Schirme der Fetthennen etwa tragen dann Schneehauben, auf den Bällen der Kugeldisteln *(Echinops ritro)* haben sich spitze Zipfelmützen gebildet und die etagenförmig angeordneten Fruchtstände des Brandkrauts *(Phlomis russeliana)* sind wie Konfekt mit weißen Schichten durchzogen. Es lohnt sich also, den Herbst müßig ausklingen zu lassen und das Großreinemachen aufs Frühjahr zu verschieben.

Schutz vor Nässe

Neben dem optischen Reiz bringt dies außerdem einen Schutzeffekt für die Gräser mit sich. Die aufrecht stehenden Halme schützen die Basis vor eindringender Nässe und damit vor Fäulnis. Frost vertragen die meisten Gräser nämlich gut, winterliche Feuchtigkeit dagegen nicht.

Oben links: Die Blüten des spätblühenden Sonnenhuts *Rudbeckia fulgida* var. *deamii* werden im Spätherbst mitunter von Raureif überzuckert und sehen dann noch zauberhafter aus.

Oben rechts: Die feinen fedrigen Samenstände des Chinaschilfs bieten Schnee- und Eiskristallen grazile Strukturen, an denen sie gut Halt finden – im Gegenlicht ein brillanter Anblick!

Unten: Leichter Schneefall verwandelt einen Gräsergarten über Nacht in eine märchenhafte Zuckerbäckerlandschaft mit elegant übergebogenen Halmen voller glitzernder Kristalle.

Beim Pampasgras *(Cortaderia selloana)* geht man sogar so weit, die Blattschöpfe oben zusammenzubinden, um so einen »Regenmantel« zu bilden, an dem die Niederschläge abperlen. Weniger empfindlich sind dagegen Seggen *(Carex-*Arten). Sie gehören zu den Sauergräsern und schenken uns sogar etliche wintergrüne bis immergrüne Arten, die den Garten auch in der kalten Saison farblich bereichern (siehe Seite 132).

Die Top-Finalisten

Nicht alle Gräser eignen sich gleichermaßen für schöne Winterbilder und auch das Wetter muss mitspielen, wenn sich die Halmträger von ihrer brillanten Seite zeigen sollen. Klares frostiges Wetter zeigt Gräser von ihrer schönsten Seite. Feine Feuchtigkeit, etwa Nebel oder Sprühregentröpfchen, verfangen sich bilderbuchreif in den hochgrazilen Rispen der Rutenhirsen. Sie toppen die Pflanzung dann mit einem mystischen Schleier, der glitzert, als hätten sich tausend kleine Juwelen darin verfangen. Auch das Riesen-Pfeifengras trägt ähnlich feine Blütenstände auf rund zwei Meter hohen Stängeln, die sich bezaubernd versilbern. Unter dem Gewicht der Tropfen beugen sie sich malerisch bogenförmig über. Bleibt das Winterwetter allerdings zu lange durchgehend feucht, weichen die sonst sehr stabilen Stängel auf und fallen auseinander. Auch Schneelasten können buchstäblich zu erdrückend werden. Die kleine Schwester, das Moor-Pfeifengras *(Molinia caerulea)*, hingegen erweist sich als äußerst standfest den ganzen Winter über, allen voran die Sorten 'Moorhexe' und 'Variegata', die beide etwa 60 cm hoch werden.

Am verlässlichsten trotzt jedoch das standfeste Chinaschilf selbst nassen und schneereichen europäischen Wintern. Mit stattlichen Größen, standfesten Stängeln und robustem Laub kapituliert es vor keiner Wetterunbill. An vereiste Springbrunnen erinnert 'Gracillimus' mit seinem wasserfallartigen Wuchs und den extra schmalen Blättern. Diese Sorte blüht allerdings nicht. Mit zauberhaften Blütenfransen, feurigem Herbstlaub und märchenhaften Wintersilhouetten überzeugen z. B. 'Malepartus', 'Silberfeder' und 'Ferner Osten'.

Links: Eine gelungene Harmonie der Formen – die schlanken gebogenen Gräserstängel von *Deschampsia* und die sanft gewölbten Schirme der Fetthennen werden von den Streben und Bögen des Gartentors widergespiegelt.

Adressen, die Ihnen weiterhelfen

Gärtnereien

Foerster-Stauden GmbH
Am Raubfang 6
14469 Potsdam-Bornim
Tel.: 03 31 / 52 02 94
www.foerster-stauden.de

Hortvs
Peter Janke Gartenkonzepte
Hochdahler Straße 350
40724 Hilden
Tel.: 0 21 03 / 36 05 08
www.peter-janke-gartenkonzepte.de

Schuster Staudenkulturen
Am Korstick 19
45239 Essen
Tel.: 02 01 / 40 49 92
www.stauden-schuster.de

Staudengärtnerei
Gerhild Diamant
Mühlenweg 39
47239 Duisburg Rumeln-Kaldenhausen
Tel.: 0 21 51 / 41 96 76
www.stauden-diamant.de

Baumschulen und Verkaufsgarten
Andreas Tüber
Alte Feldmark 23
48712 Gescher
Tel.: 0 25 42 / 95 60 95
www.tueber.de

Die Staudengärtnerei
Alte Iphöfer Str. 27
97348 Rödelsee
Tel.: 0152 / 32 73 14 77
www.die-staudengaertnerei.de

Staudengärtnerei
Gräfin von Zeppelin
79295 Sulzburg-Laufen
Tel.: 0 76 34 / 69 71 6
www.graefin-von-zeppelin.de

Staudengärtnerei Gaissmayer
Jungviehweide 3
89257 Illertissen
Tel.: 0 73 03 / 72 58
www.gaissmayer.de

Österreich

Sarastro-Stauden
Christian Kreß
A-4974 Ort im Innkreis 131
Tel.: +43 / (0) 6 64 / 26 10 36 2
www.sarastro-stauden.com

Niederlande

Lianne's Siergrassen
Jan Gosseswijk 31
NL-9367 TE De Wilp [Gn]
Tel.: + 31 / (0) 5 94 / 64 42 63
www.siergras.nl
www.prairiegarden.info
(Gräser-Gärtnerei, Gartengestaltung und Schaugarten)

Frankreich

Le Clos du Coudray
14 rue du parc floral
F-76850 ETAIMPUIS
Tel.: + 33 / (0)2 35 34 96 85
www.leclosducoudray.com
(Gärtnerei und Schaugarten)

Hilfreiche Adressen

Bund Deutscher Staudengärtner (BdS)
Godesberger Allee 142-148
53175 Bonn
Tel.: 02 28 / 81 00 25 5
www.stauden.de
(Nennt Bezugsquellen zu den Weinheimer Präriemischungen)

Gartenplanung und -gestaltung

Hortvs
Peter Janke Gartenkonzepte
(Adresse siehe »Gärtnereien«)

Die Gartenthusiasten
Jörg Lonsdorf
Lyngsbergstraße 8
53177 Bonn
www.gartenthusiasten.de

Iris Ney
Gartengestaltung, Gartenerhaltung
Waldstraße 13
65529 Waldems (Taunus)
Tel. mobil: 0176 / 96 60 97 69
www.iris-ney.de

Niederlande

Rosenhaege Living Gardens
Bekeringweg 8
NL-7107 AM Winterswijk-Kotten
Niederlande
Tel.: + 31 / (0)5 43 / 56 33 39
www.rosenhaege.nl

Danksagung an die Gartenbesitzer

Der BLV- Buchverlag und die Fotografin Ursel Borstell bedanken sich bei folgenden Gartenbesitzern, Gärtnereien, öffentlichen Gärten und Parks dafür, Bilder aus ihren Gärten und Gartenanlagen für dieses Buch verwenden zu dürfen:

Private Gärten

- Ingrid Adelt, Hattingen
- Ingrid und Heinz-Jürgen Altena, Werl-Hillbeck
- Uli und Hubert Braunegger, Sierning, Österreich
- Philip Freiherr und Viktoria Freifrau von dem Bussche, Schloss Ippenburg, Ippenburg
- Christina Caba, Salzburg, Österreich
- Brigitte Dammann und Reiner Westen, Timmendorfer Strand, www.gaesermeer.de
- Kerstin Hakenbeck, Emmerich
- Margret und Helmut Kemper, Stadtlohn
- Hermine und Kurt Kittsteiner, Hattingen
- Familie May, Bonn
- Graf Marcus und Gräfin Annabelle von Oeynhausen-Sierstorpff, Gräflicher Park Hotel & Spa, Bad Driburg
- Familie Reiling-Geiser, Horstedt
- Maria und Hartmut Rulle, Nottuln
- Ans und Hero De Smeth, Overijssel, Niederlande
- Maria und Dr. Xaver Sommeregger, Güssing, Österreich
- Cilli und Sepp Weiermair, Oberschlierbach, Österreich
- Familie Witte, Gladbeck

Öffentliche Gärten und Schaugärten

- Die Garten Tulln, Tulln, Österreich
- Grugapark Essen, Essen
- Schau- und Sichtungsgarten Hermannshof e.V., Weinheim
- Park der Gärten, Bad Zwischenahn
- Rosenhaege Living Gardens, Winterswijk-Kotten, Niederlande
- Volmary GmbH, Schauanlage Kaldenhof, Münster
- Westfalenpark Dortmund, Dortmund

Gärtnereien

- Lianne's Siergrassen
- Le Clos du Coudray
- Schuster Staudenkulturen

Danksagung der Autorin

Ich bedanke mich ganz herzlich bei Prof. Cassian Schmidt für die geduldigen Auskünfte, Erläuterungen und Recherche-Tipps zum Thema Präriegarten. Dank geht auch an Lianne Pot, die über Landesgrenze und Sprachbarriere hinweg fachliche Unterstützung gewährte.

Ute Bauer

Stichwortverzeichnis

Seitenzahlen mit * verweisen auf Abbildungen

Acer rubrum 146
Achillea-Arten 15
A. millefolium 75, 75*
Aconitum carmichaelii 130
Agastache foeniculum 77
_A._-Hybride 18*
A. rugosa 15, 77, 77*
Ährengras, Silber- 30, 139, 156
Ahorn, Rot- 146
Alchemilla mollis 153
Allium aflatunense 139
_A._-Arten 127
A. sphaerocephalon 138
Amorpha canescens 104
Amsonia tabernaemontana 104
Anaphalis triplinervis 32
Andropogon gerardii 15, 18, 72, 120, 158
Anemone, Herbst- 22, 129*, 130, 156
–, Herbst- 'Honorine Jobert' 25*
–, Herbst- 'Pamina' 22*
Anemone × hybrida 22, 130, 156
Anis-Ysop 77
Aruncus dioicus 131
Arundo donax 47, 112, 115
A. donax 'Versicolor' 155
Arznei-Ehrenpreis, Virginischer 103, 103*
Aster-Arten 22, 27*, 28, 79, 79*, 129*, 156, 156*
–, Glattblatt- 79
–, Myrten- 79*
–, Raublatt- 79
– 'Sonora' 22*
Aster-Hybriden 22, 156
A. ericoides 79*
A. novae-angliae 79
A. novae-angliae 'Rudelsburg' 27*
A. novi-belgii 79
A. novi-belgii 'Schöne von Dietlikon' 27*
Astilbe-Hybriden 130
Astrantia major 130, 140, 161
Aubrieta-Sorten 134
Aurinia saxatilis 134

Bambus 47, 116, 120
Baptisia lactea 81, 81*
Bärenfellgras 134, 140
Bartgras, Prärie- 65, 65*
Bergamotte, Wilde 95, 95*
Bergminze 32
Binsen 113
Bistorta amplexicaulis 32, 36, 112, 125, 131
Blaugras, Herbst- 22
–, Magellan- 72, 138, 149, 154
Blauhalm, Großer 15, 72, 120, 158
–, Kleiner 65, 65*
Blaukissen 134
Blauraute 104, 139
– 'Little Spire' 25*
Blausternbusch 104
Blaustrahlhafer 134, 140, 149
Bleibusch, Weißgrauer 104
Blutgras, Japan- 15, 35*, 36, 38, 137, 137*, 149*, 150, 154
Bohnenkraut, Berg- 143*, 145
Bouteloua curti-pendula 53
B. gracilis 28, 53, 53*
Brandkraut 14, 22, 25*, 161
Briza maxima 139, 140
B. media 72, 139, 140
B. minor 140
Buchloe dactyloides 28, 72
Büffelgras 28, 72

Calamagrostis 27
C. × acutifolia 'Karl Foerster' 14, 36, 55, 55*, 118, 130, 156
C. × acutifolia 'Overdam' 155
C. brachytricha 22, 57, 57*, 110, 130, 156
Calamintha nepeta 32
Camassia cusickii 29, 127
C. leichtlinii subsp. _sucksdorfii_ 29
Campanula latifolia 130
Carex-Arten 112, 150, 163
_C._ 'Silver Scepter' 155
C. buchananii 72, 153, 155
C. comans 153, 155
C. conica 'Snowline' 155
C. elata 'Aurea' 112, 153
C. grayi 112, 115
C. morrowii 129, 132
C. morrowii 'Variegata' 112, 155
C. muskingumensis 72, 112, 115
C. ornithopoda 'Variegata' 155
C. oshimensis 'Evergold' 155
C. pendula 112, 115, 129
C. plantaginea 129
C. remota 129
C. siderosticha 'Variegata' 155
C. sylvatica 129
C. testacea 153, 155
C. umbrosa 129, 132
Centranthus ruber 139
Chasmanthium latifolium 115*, 131, 158
Chinaschilf 36, 47, 59, 59*, 109*, 110, 110*, 112, 113*, 116, 116*, 118, 119*, 120, 120*, 124, 129*, 131*, 153, 153*, 155*, 156*, 159, 161, 161*, 163
–, Riesen- 120
Coreopsis verticillata 29, 83, 83*
Cornus alba 146
C. sanguinea 146
Cortaderia 47
C. selloana 47, 120, 163
Cotinus coggygria 146

Dahlia-Hybriden 156
Dahlie 156
Deschampsia cespitosa 14, 36, 72, 130, 132
Diamantgras 22, 27*, 57, 57*, 110, 127*, 130, 156
Distel 137*
Duftnessel 15, 18*, 50*, 77, 77*

Echinacea-Arten 15, 18, 159
E. pallida 27, 29, 50
E. purpurea 18*, 22, 85, 85*
Echinops ritro 125, 161
Edeldistel 13*, 22, 134*, 138, 139
–, Yuccablättrige 50*, 87, 87*
Ehrenpreis, Kandelaber- 32, 103, 103*
Eibenhecke 145*, 146
Eisenhut, Herbst- 130
Eisenkraut, Schleier- 30*, 32, 50*, 104, 125
Elfenbeindistel 139, 140*
Elfenblume 131
Elymus magellanicus 72, 138, 149, 154
Engelshaar 41, 71, 71*, 123*, 145
Epimedium-Arten 131
Eragrostis curvula 159
Eremurus-Arten 138
Eryngium-Arten 139
E. giganteum 139
E. planum 134*
E. yuccifolium 13*, 22, 87, 87*, 138
Eselsdistel 139
Eupatorium maculatum 89, 89*, 112, 125
Euphorbia-Arten 134
E. characias 139
E. seguieriana 139
E. seguieriana subsp. _niciciana_ 15
Euphorbien 137*

Fackellilie 140*
Fallsamengras 69, 69*
Falscher Indigo 81
Federgras 109*, 110, 110*, 137*, 138, 140, 158
–, Flausch- 139*
–, Mexikanisches 32, 71, 71*
–, Riesen- 38, 119, 145
Felberich, Gold- 153
Felsengarten 143
Festuca 140
F. amethystina 140, 159
F. gautieri 134, 140
F. glauca 134, 138, 140, 149
F. mairei 72, 134, 140, 161
Fetthenne 15, 18*, 25, 36*, 150, 150*, 156, 159*, 161, 163*
– 'Matrona' 35*, 156*
–, Purpur- 15*, 36, 104, 137*, 139
Flattergras, Wald- 129, 132, 132*
Frauenmantel 153
Funkie 112, 130, 131, 145*
–, Weißrand- 146

Gabione 118
Gaillardia 15*
G. × grandiflora 104
Gaura lindheimeri 104
Geißbart, Wald- 131
Geranium-Hybride 32
Gerste, Mähnen- 72, 139
Glanzgras Rohr- 112, 115, 149*, 158, 163
Glanzmispel 146, 147*
Glockenblumen, Wald- 130
Goldbartgras 67, 67*
Goldblasenbaum 146
Goldleistengras 72 115, 153
Goldrute 156
–, Raue 101, 101*

Haarschotengras 53, 53*
Hakonechloa 112
H. macra 130, 132
H. macra 'Albostriata' 155
H. macra 'Aureola' 150*, 153
Hartriegel 146
Heiligenkraut 138
Helenium-Hybriden 22, 91, 91*, 150
Helianthus decapetalus 104
Helictotrichon sempervirens 134, 140, 149
Heliopsis helianthoides 93, 93*
Helmkraut, Herbst- 15*, 18*, 32, 104
Hemerocallis-Hybriden 112
Hermannshof 8, 27
Heuchera-Hybriden 131, 150
Hochgrasprärie 11, 28, 42, 50
Hordeum jubatum 72, 139
Hosta-Hybriden 112, 130, 131
_H._ 'Tom Schmid' 146

Imperata cylindrica 154
I. cylindrica 'Red Baron' 15, 15*, 36, 137, 149*, 150
Indianergras 67, 67*
Indianernessel 22, 28, 50, 125
–, Wilde 95, 95*
Indigolupine 81, 81*
Iris, Bart- 138, 139*
–, Wiesen- 25
Iris-Germanica-Hybriden 138
I. pallida 32
I. sibirica 25

Juncus-Arten 113

Kalimeris incisa 'Madiva' 32
Katzenminze 139
Kies 30, 42, 137
Kiesbeet 10, 134, 137, 138, 140, 140*
Kiesgarten 10, 137, 137*, 139*
Knautia arvensis 104
Kniphofia-Hybriden 140
Knöterich, Kerzen- 32, 36, 36*, 112, 125, 131
Koeleria glauca 72, 138, 149, 154
Koelreuteria paniculata 146
Kopfgras, Blaues 72
–, Herbst- 72, 131, 140
Kokardenblume 15*, 104
Königskerze 32, 138
Kugeldistel 123*, 125, 161
Kurzgrasprärie 28, 50

Lamium maculatum 131
Lampenputzergras 32, 41, 50*, 112, 131, 137, 137*, 156, 156*, 159
–, Orientalisches 63, 63*
–, Purpur- 150, 155*
Lauch, Kugel- 138
–, Persischer 139
–, Zier- 127
Lavagestein 18, 44

Lavandula angustifolia 138, 145
Lavendel 138, 145
Lein, Prärie- 29
Liatris spicata 29, 42*, 104
Liebesgras, Gekrümmtes 159
Linum lewisii 29
Lungenkraut 131
Lupine 15*
Lupinus 'My Castle' 15*
Luzula nivea 129, 132
L. pilosa 129
L. pilosa 'Igel' 39
L. sylvatica 129, 132
L. sylvatica 'Aurea' 153
Lysimachia punctata 153

Mädchenauge 29, 83, 83*
Mädchenhaargras 134*
Mannstreu, Palmlilien- 87, 87*
Marbel, Haar- 39, 129
–, Haar- 'Igel' 39*
–, Schnee- 129, 132, 132*
–, Wald- 129, 132, 132*
Melica ciliata 72, 139, 140
Milchstern, Großer 127
Milium effusum 129, 132
M. effusum 'Variegata' 155
Mineralschicht 45
Miscanthus 120, 120*
M. giganteus 120
M. sinensis 36, 47, 59, 59*, 110, 116, 120, 124, 155*
M. sinensis 'Blütenwunder' 153*
M. sinensis 'Goldfeder' 153
M. sinensis 'Hinjo' 153*
M. sinensis 'Malepartus' 125*
M. sinensis 'Morning Light' 155
M. sinensis 'Strictus' 116*
Miscanthus sinensis var. *condensatus* 120
Mohn, Türken- 25
Molinia arundinacea 22, 72, 113, 118, 131, 158
M. arundinacea 'Windspiel' 17*
M. caerulea 72, 131, 163
Monarda-Arten 27, 28
M.-Hybriden 22, 125
M. fistulosa 50, 95, 95*
Moskitogras 28, 53, 53*
Mulchen 44
Mulchschicht 18, 44, 137

Nachtkerze 32
–, Hohe 104
–, Missouri- 29
Nasella tenuissima 138, 145
Nepeta × faassenii 139

***O**enothera biennis* 32
O. fruticosa subsp. *glauca* 104
O. macrocarpa 29
Onopordum acanthium 139
Ophiopogon planiscapus 'Niger' 146
Opuntie 28
Ornithogalum magnum 127
Oudolf, Piet 8, 22, 25

Palmlilie, Dolch- 138
Pampasgras 120, 163
Panicum 18
P. virgatum 15, 22, 28, 61, 61*, 110, 116, 120, 124, 137, 150, 158
P. virgatum 'Cloud Nine' 145
P. virgatum 'Kurt Blümel' 150*
P. virgatum 'Rehbraun' 15*, 41
P. virgatum 'Rotstrahlbusch' 156*
P. virgatum 'Shenandoah' 22*
Papaver orientale 25
Pennisetum-Arten 112, 137
P. × advena 'Rubrum' 154, 155*
P. alopecuroides 41, 131, 156, 159
P. alopecuroides var. *viridescens* 32
P. glaucum 150
P. glaucum 'Purple Majesty' 154, 156
P. orientale 63, 63*
Penstemon-Arten 29
Perlgras, Wimper- 72, 139, 140, 140*
Perlhirse, Purpur- 150, 154, 156
Perlkörbchen 32
Perovskia atriplicifolia 104, 139
Perückensträucher 146
Pfahlrohr 47, 112, 115, 115*
Pfeifengras, Moor- 72, 131, 163
–, Riesen- 17*, 22, 72, 113, 118, 119, 131, 145
Pflanzung 42
Pflege 42, 45
Phalaris arundinacea 112, 115, 149
Phlomis russeliana 14, 22, 161
Phlox 15, 27, 50, 125
–, Breitblatt- 104
–, Garten- 104
Phlox amplifolia 104
Ph. paniculata 125
Ph.-Paniculata-Hybriden 104
Photinia × fraseri 'Red Robin' 146
Phragmites australis 113
Phyllostachys-Arten 47
Ph. nigra 146
Plattährengras 115, 115*, 131, 158, 159*
Polstergräser 134
Polsterstauden 134
Prachtkerze 104, 110*, 145
Prachtscharte 29, 42*
–, Ährige 104
Prachtspiere 130
Präriegras, Kleines 65, 65*, 149*, 158
Präriekerze 104
Prärielilie 29, 127
Präriesonnenhut, Nickender 97, 97*
Pulmonaria officinalis 131
Purpurglöckchen 131, 150
Purpursonnenhut 18*, 22, 85, 85*

Rabatte 47
Ratibida pinnata 97, 97*
Raugras, Zotten- 131
Reitgras, Garten- 14, 36, 36*, 55, 55*, 118, 125*, 130, 156
–, Garten- 'Karl Foerster' 123*
Rhizomsperre 47
Rodgersia-Arten 131
Rohrkolben 113, 113*
Rückschnitt 38, 45, 47*, 119
Rudbeckia-Arten 14, 156
R. fulgida 99, 99*
R. fulgida var. *deamii* 159, 161*
R. maxima 13*, 17*
Rutenhirse 15, 15*, 22, 28, 41, 61, 61*, 110, 116, 120, 120*, 124, 137, 140*, 145, 150, 150*, 158, 163

Salbei 138
–, Sommer- 15
–, Steppen- 104
Salvia nemorosa 104
S. officinalis 138
S. × sylvestris 15
Sandrohr, Garten- 55, 55*
Santolina chamaecyparissus 138
Satureja montana 145
Sauergräser 163
Schafgarbe 15
–, Wiesen- 75, 75*
Schattenstauden 129
Schaublatt 131
Scheinsonnenhut 15, 29
Schilf 113
Schillergras 138, 149, 154
–, Blaugrünes 72
Schizachyrium scoparium 18, 158
Sch. scoparium 'The Blues' 149, 149*
Schlangenbart 145*, 146
Schmidt, Cassian 8, 27, 27*, 28
Schmiele, Rasen- 36, 36*, 38, 72, 130, 132
–, Rasen- 'Goldtau' 39*
Schoenoplectus tabernaemontani 113
Schönaster 32
Schotter 137, 143
Schwarzrohrbambus 146
Schwertlilie 32
Schwingel 140
–, Amethyst- 140, 159
–, Atlas- 72, 134,
–, Blau- 134, 138, 140, 149
Schizachyrium scoparium 65, 65*
Scutellaria incana 15*, 18*, 32, 104
Sedum-Arten 156
S.-Hybride 18*
S.-Hybride 'Matrona' 36, 150*
S. 'Karfunkelstein' 15*
S. telephium 15, 25, 104, 139, 150
Segge 112, 163
–, Breitband- 129
–, Fuchsrote 72, 153
–, Gold- 153
–, Goldgelbe Steife- 112
–, Hänge- 112, 115
–, Japan- 132*
–, Japan-, Weißbunte 112
–, Morgenstern- 112, 115
–, Neuseeland- 150*, 153, 155
–, Palmwedel- 72, 112, 115
–, Riesen- 129
–, Schatten- 129, 132
–, Wald- 129
–, Winkel- 129
Sesleria autumnalis 22, 72, 131, 140
S. caerulea 72
Sichtschutz 116, 118
Simse, Teich- 113
Solidago-Hybriden 156
Solidago rugosa 101, 101*
Sonnenauge 27, 93, 93*
Sonnenblume, Stauden- 104
Sonnenbraut 22, 27, 91, 91*, 127*, 150
Sonnenhut 14, 50*, 99, 99*, 156, 159
–, Riesen- 13*, 17*
Sorghastrum nutans 67, 67*
Spartina pectinata 72
Sp. pectinata 'Aureo-marginata' 115, 153
Splitt 10, 30, 42, 44, 137, 143
Spodiopogon sibiricus 131
Spornblume 139, 140*
Sporobolus heterolepis 69, 69*, 158
Stachys 25*
St. byzantina 138
St. officinalis 'Rosea' 22*
Standort 109
Steingarten 134, 137, 140
Steinkraut, Felsen- 134
Steppenbeete 134, 138
Steppengarten 10, 137, 139*
Sterndolde 130
Stipa 140
St.-Arten 110, 158
St. calamagrostis 139, 156
St. calamagrostis 'Lemperg' 30
St. gigantea 38, 119, 138, 145
St. pennata 134*, 138, 139*
St. tenuissima 32, 41, 71, 71*, 138, 145
Storchschnabel 32

Taglilie 112
Taubnessel 131
Tautropfengras 69, 69*, 158
Taxus baccata 146
Teich 110
Thymian 143*, 145
Thymus vulgaris 145
Trockengräser 137
Typha-Arten 113

Unkräuter 47

***V**erbascum*-Arten 138
V. chaixii 32
Verbena bonariensis 32, 104, 105*, 125
Vernonia crinita 18
Veronicastrum virginicum 103, 103*
V. virginicum 'Fascination' 32

Waldgräser 129
Waldgras, Japan- 112, 130, 131*, 132, 132*, 147, 150, 153
Wasser 110
Wasserdost 112, 125, 127*
–, Gefleckter 89, 89*
Winternässe 47
Winterschutz 47
Witwenblume 104
Wolfsmilch 15
–, Mittelmeer- 139
–, Steppen- 139
–, Weiden- 127*

***Y**ucca*-Arten 29
Y. filamentosa 138

Zapfenblume, Prärie- 97, 97*
Zebraschilf 116*
Ziest, Woll- 138
Zinnie 150
Zittergras 140
–, Herz- 139, 140
–, Kleines 140
–, Mittleres 72
–, Riesen- 139
Zwiebelblumen 138

Über die Autorinnen

Ursel Borstell hat an der Folkwang-Schule in Essen Foto- und Grafikdesign bei einem der wichtigsten deutschen Grafik-Designer, Professor Willy Fleckhaus, studiert und zählt bereits seit vielen Jahren zu den gefragtesten Garten- und Interieurfotografinnen Deutschlands. Schwerpunkte der leidenschaftlichen Gärtnerin sind die Garten- und Stilllife-Fotografie. Ihre Bilder werden in zahlreichen renommierten Zeitschriften und Büchern veröffentlicht. Mehr Infos unter www.focusongarden.de

Ute Bauer machte ihre Begeisterung für Gärten und Pflanzen zum Beruf. Nach dem Gartenbau-Studium folgte die Ausbildung zur Journalistin im Burda-Verlag. Nach verschiedenen beruflichen Stationen, unter anderem bei einem großen Gartenmagazin, arbeitete sie viele Jahre als freie Autorin und Fachjournalistin vom eigenen Redaktionsbüro aus. Sie war regelmäßig für mehrere Zeitschriften-Redaktionen und Buchverlage tätig, produzierte für TV-Redaktionen und Tageszeitungen, bevor sie als Redakteurin für die erfolgreiche Gartenzeitschrift »kraut und rüben« zu schreiben begann. Mehrere Buchtitel wurden bereits von ihr veröffentlicht. Entspannung und Inspiration findet sie in den Schreibpausen im eigenen Garten sowie unterwegs in fremden Gärten.

Impressum

Bibliografische Information der Deutschen Nationalbibliothek

Die Deutsche Nationalbibliothek verzeichnet diese Publikation in der Deutschen Nationalbibliografie; detaillierte bibliografische Daten sind im Internet über http://dnb.d-nb.de abrufbar.

1. Auflage, Taschenbuchausgabe des Titels: »Prärie-Gärten«

BLV Buchverlag
GmbH & Co. KG
80636 München

Bildnachweis:
Alle Bilder von Ursel Borstell

Umschlagkonzeption und Gestaltung: BLV Buchverlag
Umschlagfotos: Ursel Borstell

Lektorat: Dr. Thomas Hagen, Rita Meixner

Herstellung: Hermann Maxant
DTP: Anton Walter, Gundelfingen

Gedruckt auf chlorfrei gebleichtem Papier

Printed in Germany
ISBN 978-3-8354-1806-6

Hinweis
Das vorliegende Buch wurde sorgfältig erarbeitet. Dennoch erfolgen alle Angaben ohne Gewähr. Weder Autoren noch Verlag können für eventuelle Nachteile oder Schäden, die aus den im Buch vorgestellten Informationen resultieren, eine Haftung übernehmen.

www.facebook.com/blvVerlag